轻而易举的演说

陈茂飞 著

华夏出版社

前 言

如何轻而易举的演说

"记得我第一次到 GE（美国通用电气公司）做演讲，完全是照本宣科。我前天晚上没有睡觉，一直非常紧张、流汗，那时我 24 岁。现在我可以站在成千上万的人面前，对我来说演讲是件容易的事。通过经验就可以做到这一点，我想每一个人都有这样的机会，获得你们的自信。"就像杰克·韦尔奇所说的，演讲对于新手而言是非常紧张、困难的，而对于经历过的人来说却是轻而易举的，这种体会大多数人都有。随着时间的推移，当我们再回忆起儿时第一次在课堂上自我介绍时的恐惧、紧张、担忧，会觉得十分好笑；当我们回忆起初中、高中的演讲，甚至大学、工作以后的公众发言，会觉得其实我们完全可以表现得很好，可以演说得很完美，并没有当时认为的那么困难。人的一生，是一个不断成长的过程，很多事情就是这样，只有在不断经历过之后，才懂得其中的奥秘。

　　对于演说，很多人认为这是一门艺术，而我们都知道艺术的门槛很高，我们每个人的生活中又都离不开这门艺术，那么我们该如何走进它呢？我认为任何艺术都是技术的升华，我们站在门槛外往里看，难度很大；如果我们跨过门槛，走到里面来，把"艺术"分解，先掌握它的技术，我们会发现其实演说并没有想象的那么难。这就好像很多盲人，失去了光明，却仍然可以很好地生活，他们甚至还可以打着灯在夜里照亮别人的路。还有很多失去行走能力的人，却仍然可以成为优秀的运动员。人生没有设限，只要我们敢于和自己较劲，我们就会越来越优秀。当然，演说不仅仅是和自己较劲，因为演说还是一个演说者与观众相互合作、相互衬托的一门艺术。演说者所面临的演说环境是非常复杂的，演说所产生的影响力又是跨度很大的，伟大的演说可以改变世界，糟糕的演说可能遭到全体观众的抵制。

　　如何实现轻而易举的演说呢？在我创办的"全梦金话筒"的课程上，我说，只要具备以下三个条件，谁都可以学会演说。第一，我愿意！所有的成功者都愿意做别人不愿意做的事情，所有的成功者都愿意做别人做不到的事情；第二，有口气！只要你活着，有口气在，能说话；第三，舍得多给自己一次机会！哪怕只多给一次！这就是你爬起来比跌倒多出的那一次机会，这就是你上台演说比内心挣扎多出的那一次机会。轻而易举的演说是说出来的，不是听出来的。当年，我在大学，台下有几十人我都不敢公众演说，现在，我可以面对台下万名企业家发表演说。

演说，极为简单，当然，这个观点基于演说者对演说艺术的自我要求上。演说效果完全可以分出很多的级别，比如观众没有明显回应、观众有部分回应、观众热情回应、观众被感动、观众被影响……顺利完成一场演说并不是特别困难的事情，但要完成一场成功甚至卓越的演说则是难上加难。

本书尝试着为读者朋友们提供一个提升自己演说能力和水平的参考。当然，更重要的是，本书力图向读者朋友们普及有关演说的基本知识，让读者朋友们认识演说，喜欢演说，学习演说。这是本书对读者朋友们的最大益处了。

本书最大的特点是从创业与演说这一角度切入来谈演说。毋庸置疑，今天是企业的时代，是创业者的时代，那么，演说对于创业者、企业家来说就显得十分重要。创业者们对于演说能力的提升也必然十分关切，并饱含着急迫的热情。

看看中国商业舞台上这些一流的企业家，马云、雷军、张瑞敏、牛根生、王石、俞敏洪等，这些人哪个不会公众演说？哪个不是"指点江山"？哪个不是充满个人魅力？

首先，他们擅长演说，乐于在公众面前发表演说。其次，他们也擅长通过演说塑造自己的个人形象、推广企业产品、传播企业形象等。最后，他们擅长通过演说感染人、影响人。他们早被千千万万的创业者和普通观众视为榜样，他们的演说影响和改变了许许多多的人。

所以可以这样说，这是一本为创业者写的书，这是一本激励和鼓励创业者的书。在今天这个移动互联网时代，或者说在今天这个自媒体时代，创业者要想打造良好的个人社会形象和口碑，演说是一门必修课！

陈茂飞
2016 年 11 月 11 日

目 录

第一章　演说是创业者的必修课 /01

顶级创业者都是超级演说家 /02

创业者为什么要演说？/06

创始人如何演说？/11

处于危机时如何发表演说 /15

企业转型时如何演说？/18

发布会上如何发表演说？/22

招商会上如何发表演说？/26

在项目路演上如何发表演说？/30

进行会议营销如何发表演说？/35

蒙牛的危机演说 /39

成功的"90后"创业者是这样演说的 /45

第二章　克服恐惧 /51

演说到底有多难 /52

谁没有恐惧之心？ /56

有哪些恐惧影响了我们 /60

不断练习 /64

上台前的放松诀窍 /68

上台后保持自信 /74

第三章　打造个人演说风格 /79

让你的眼睛炯炯有神 /80

最好的表情 /85

运用手势 /88

个人形象 /92

找到最好的声音 /97

撰写一份精彩的演说稿 /101

第四章　一切互联 /109

研究观众 /110

吸引注意力 /115

获得回应 /119

建立对话 /123

建立信任感 /128

第五章　成功演说的六个维度 /133

找到属于自己的故事 /134

变成会讲故事的人 /140

发挥你的创造力 /144

直面对话危机 /149

满足你的听众 /154

展示自己的独特性 /160

进入自然的状态 /164

少即是多 /168

第六章　他们用演说改变了世界 /173

尼古拉·特斯拉 /174

松下幸之助 /176

山姆·沃尔顿 /184

比尔·盖茨 /192

第一章
演说是创业者的必修课

顶级创业者都是超级演说家

创业者为什么要演说?

创始人如何演说?

处于危机时如何发表演说?

企业转型时如何演说?

发布会上如何发表演说?

招商会上如何发表演说?

在项目路演上如何发表演说?

进行会议营销如何发表演说?

蒙牛的危机演说

成功的"90后"创业者是这样演说的

顶级创业者都是超级演说家

马云、雷军、张瑞敏、牛根生、王石、俞敏洪、柳传志，这些中国一线企业家都有另一个响当当的名号，那就是超级演说家。中国的这些一线企业家都擅长演说。所以，就有人说，不是演说家的企业家不是一个好企业家。

这句话不能说全对，但放在许多场合说都很合适。确实有一大批企业家，都为自己极差的演说能力感到苦恼，深知自己的演说不能够打动观众（客户、员工）。所以，有些机构就专门开设了"企业家演讲力高级研修班"。这样的培训班早些年就在中国大地火了起来，对于一些内敛木讷的中国企业家来说，这是一种福音。不仅如此，一些口才培训公司更是遍布大江南北。不得不承认，再优秀的自己，也需要好口才来展现、传播，不然，就会怀才不遇。曾经就有过这样的报道，一个大学生专门跑到大街上和路人大声对话，来锻炼自己的口才，可见中国人对于口才和演说的能力是多么渴求。

所以，作为一个叱咤风云的企业家，面对上百名员工、上万名大小客户，是不是更应该成为一个超级演说家呢？

这几年，马云的各种经典语录流传于网络。马云的演说成为一种适合大众口味的快销品，往往供不应求。马云一出新的演说，立即就会火遍网络。

马云是一个天生的演说家。他的演讲声情并茂，十分自信，说话铿锵有力，绝不拖泥带水，而且常常语出惊人。毋庸置疑，马云掌握了演讲的技巧，并达到了炉火纯青的地步。而且，作为中国最具代表性的企业家之一，他的这一"高大上"光环加上独步武林的演讲——其人格魅力谁也抵挡不了。无论你是普罗大众，还是精英人物，都能从马云的演说中找到认同和产生共鸣。

我想大多数中国人大概都会很容易地想起马云演说的某一句话、某一个片段并留下深刻的印象。如果马云没有演讲的能力，他的影响力恐怕不会这么大。再大胆地说，马云没有演讲的能力，他的创业或许会充满更多的挫折。

和马云一样，雷军、张瑞敏、牛根生、王石、俞敏洪这些一线企业家也凭借着演讲在企业家这个群体中树立了威望，并在网络上聚拢了巨量的人气。而一个木讷、不善于自我表达、默默无闻、毫无激情的企业家又会是怎样的呢？中国有句古话说得特别好，"好酒也怕巷子深，皇帝女儿也愁嫁"。如果一个企业家不善于表达、演说，首先他与员工、客户之间的关系是比较疏远的；其次，他不能很好地宣传、推广自己企业的产品给消费群体；再次，在这个合作共赢的时代，他还会失去很多跟他人合作的机会。除此之外，还有很多负面的影响。

当然，像马云、俞敏洪他们这种具有超强演说能力的企业家也不是天生就具备演说能力的。事实上，有很多超级演说家都是通过反复练习才获得成功的，甚至有些演说家从小就患有严重的口吃，但并没有阻挡他们的演说梦，像古雅典演说家德摩斯蒂尼，就是如此。他从小口吃，在很多人看来，连正常的表达都有问题，但他却立志演说，为了矫正口吃，使自己的口齿清晰，他将小石头含在嘴里不断地练习说话。经过长达12年的刻苦练习，他终于可以在众人面前口若悬河、滔滔不绝地演讲，最终成为著名的演说家，走上了他心中梦想的成功之路。

说到演说，我们又不得不提到中国企业家心目中的伟大企业家乔布斯了。乔布斯在演说界的地位无人能够撼动，世界各地都有他的粉丝。他的独特的演说装束也令其他企业家争相模仿。

乔布斯的演说遵照亚里士多德经典的五要素原则：

1. 讲述一个故事或提出一个观点，激发观众的兴趣。

2. 抛出的问题，必须得到解决或回答。

3. 对你提出的问题给出一种答案。

4. 描述采纳你的解决方案能带来的具体利益。

5. 号召观众行动起来。乔布斯会直接说："现在，出去买一款吧！"

显然，乔布斯对演说的态度是把演说当成一件程序性的事情来对待。演说有客观性、规律性，不完全是主观的随意的行为。

乔布斯没有把演说当成一件无关紧要的、依赖个人发挥的事情。大家有所不知的是，苹果公司还有一个演讲部门，专门为苹果公司的经理人撰写演讲稿，为演说者出谋划策。这一部门的设立充分地说明了苹果公司对演说的重视，更说明了演说存在可操作性的特点。所以，企业家实在无须过于担心自己没有演说的天分。

说了这些，旨在说明企业家与演说实际上是难以分开的，对于广大的创业者来说，演说也是一门必修课。

创业者为什么要演说？

为什么要演说？

首先，演说这门艺术是亘古就有的，它不是什么新鲜的事物。比如春秋战国时期，苏秦、张仪等纵横家游说各国，其口才和演讲第一次成为一道华丽的风景；陈胜、吴广揭竿而起，一句"王侯将相宁有种乎？"诉说了中华文明的辉煌历史和无限气概；到了五四运动时期，文化精英、学者大师你方唱罢我登场，鲁迅、胡适哪个不是演说大家；再到新中国成立后，毛泽东、周恩来哪个不是指点江山、气吞山河……

马雅可夫斯基说："语言是人的力量的统帅。"

改革开放之后，市场经济成为国家和社会的重心，创业者成为社会的焦点。李泽厚曾说："我认为企业家是现代社会真正的核心、骨干力量,而不是学者。"所以，演讲不再是政治家、文学家的专属，而是向企业家群体扩展。社会需要企业家公开发言、表达意见，引领经济潮流。

企业家不能不说。市场经济催生了人们的财富欲望，人们渴望富裕。新时代的价值观也不断地改变着人们的思想，人们不仅渴望富裕，更渴望通过创业实现自我价值。商界不再是单纯的经济名词，而是人们实现自我价值的方向和所在。企业家也成为人们实现自我价值的目标。

所以，人们崇拜那些功成名就的企业家，人们想要他们说话，人们期待他们演说。

人们希望了解他们的创业经历、创富经历，希望寻找到这些人的成功秘诀；人们也希望更深入地理解他们的人生追求，希望获得他们的人生的经验教训；人们更希望得到他们的鼓励和支持，希望他们答疑解惑。

不仅如此，取得了话语权的企业家们也乐于演说，这是他们成长为时代的中流砥柱的象征。

更重要的是，这是个互联网时代。互联网时代的基本特征就是去中心化。在这个时代，企业家与用户、消费者零距离接触，他们的一举一动都将对消费者、用户以及企业形象产生影响。

除此之外，互联网时代的传播速度比以往的任何一个时代都要快。老话说，好事不出门，坏事传千里。到了互联网时代，传播范围何止千里，而且不论是坏事还是好事，都容易造成爆炸性传播。

在这样的时代，企业家需要增强自己的影响力。在这个人们普遍习惯消费商业资讯且"阅完即焚"的时代，企业家们不得不尽可能地曝光自己。企业家可以通过演说，公开发表意见让自己成为人们的焦点，不被人们忽略，从而为企业发展和自身增值提供有利的舆论环境。

戴尔·卡耐基说："假如你的口才好……可以使人家喜欢你，可以结交好的朋友，可以开辟前程，使你获得幸福。如果你是一个律师，它可以吸引参与诉讼的当事人；如果你是一个店主，它可以帮助你吸引顾客。"

卡耐基的这段话说明了演说会为演说者带来好处。企业家需要鼓动消费者和用户使用自己的产品。在崇尚"粉丝经济"的互联网时代，企业家本人是最好的广告。传统的广告营销日渐式微，企业家成为各家企业的代言人已经成为大势所趋。

格力在中央电视台打广告的时候，没有请明星，而是由董明珠出镜做了一个广告；阿里巴巴的马云，苹果公司的乔布斯，小米的雷军，他们走到了镁光灯之下，亲自介绍自己公司的产品，讲述自己的创业故事，这样的推广营销方式已经成为主流。

同时，我们发现这些企业家多数出自TMT（电信、媒体、科技）行业，其中互联网是最为突出的行业。不可否认，这些站在时代最前列的行业精英是未来趋势的代表。

事实上，演说对于企业家推销自己公司的产品是极其有用的，企业家的演说会为产品注入人格和情感因素。人们在消费某一产品的时候，会体验到他们在消费某一企业家的精神和思想。比如，人们在使用苹果手机的时候，会有极致的体验，人们会想到乔布斯对待手机的极致精神和他那些著名的演说，那么，普通的手机也就有了灵魂。人们不仅在消费普通的手机，还在分享一种精神。这是全新的产品体验。

而这也是互联网时代的新现象，人们不再追求消费单一的产品，而更在于消费一种价值感、归属感，一种情感的体验，而企业家的演说就可以为产品注入这样一种情感。

雷军是这方面的代表人物之一。雷军自称不太会说话，但是他的演说，尤其是他高调提出的互联网思维七字诀，让他出尽了风头，也让他的小米手机变成了高性价比手机的象征，变成了手机发烧友和极客的追逐对象。

雷军和马云相比，论声势，前者比不上后者。但是，雷军的优势在于亲和力和慢条斯理的气质。他就像一个世外高人，给人以专注和极致的印象。而马云则像一个王者，有一种海纳百川的胸怀。人们对他们两个人的印象也是人们对他们的公司的印象。小米代表着专注和极致，而阿里巴巴代表着海纳百川的容纳力。

企业家成为企业的核心形象和代言人，而企业家的演说就成为企业的必要武器。这便是创业者为什么要演说的根本原因。

创始人如何演说？

如今，人们非常关注"明星企业"的发展，不仅关注其创始人或首席执行官，还关注其团队。

一提到企业团队，我们很容易想到小米的团队，这是一个堪称超豪华的七人团队。雷军原是金山软件的董事长，林斌原是谷歌研究院的副院长，洪锋原是谷歌高级工程师，黄江吉原是微软工程院首席工程师，黎万强原是金山软件人机交互设计总监、金山词霸总经理，周光平原是摩托罗拉北京研发中心总工程师，刘德是一位从世界顶级设计院校毕业的工业设计师。

小米的这七位联合创始人是引人关注的焦点，人们认为就是这样的梦幻团队成就了小米。雷军创建小米的第一要务就是寻找团队成员，事实证明他成功了。

在一个企业的成立之初，往往会有很多不确定的因素，尤其是当企业员工或者合伙人与企业的负责人处于一种信息不对称的情况中。当后者思想超前，而前者思想保守，有效的沟通就变得至关重要。这时候，企业负责人就需要经常向他的团队解释、分析企业的发展问题、发展现状等。这对于团队的影响是至关重要的。那么，演说能力的重要性就凸显出来了。

我们把时间拨回到1999年2月20日。在杭州湖畔花园的小区，年轻的马云为其他"十七罗汉"（阿里巴巴包括马云在内的18位创始人被称为"十八罗汉"）做了一次演说，如下：

今天我把大家请过来，跟大家共同探讨以后至少五年、十年我们要做的事情。

那么阿里巴巴我们将做成什么样，在做黄页的时候我就提过，黄页所要瞄准的对象不是国内站而是国际站，我们所有的竞争对手不在中国，而在美国的硅谷。

如果说第一，我们把阿里巴巴定位为国际站点，我们不要把它定位国内站点。第二个我想就是我们要学会硅谷的那种拼劲，如果我们是早上八点钟上班，五点钟下班，这个不是搞高科技，这个绝对不是我们阿里巴巴的精神，如果说八点钟上班，五点钟就下班了，那赶紧去其他地方。

人家美国人强就强在硬件，强就强在这方面确实比我们高，但是玩信息、玩软实力的，中国人的脑袋绝不比别人差。我们在座的所有人的脑袋绝不比任何人差。这就是我们敢跟美国人斗的原因，我们绝对敢斗，如果我们是好的Team（团队），我们知道我们自己想做什么、我们想干点什么的时候，我相信我们是可以一当十的。

我们能够赢，我们能够赢其他很多民营企业、大企业，凭的是我们的精神、我们的创新概念，以及我们的这种拼劲。

谁都知道"internet is a bubble"（互联网是一个泡沫），我刚才讲的危机感，就是互联网泡沫越来越大，雅虎的股票跌了，eBay（易趣公司）的股票会涨，有一天阿里巴巴的股票也会涨，所以不要担心。我觉得internet（互联网）这个梦不会破，这个泡沫不会破，我们为后面的三五年所付出的代价是非常惨重的，只有付出这样惨重的代价，才会令我们在未来取得成功，目标是2002年。

这一年，马云成立了阿里巴巴。或许，马云已经意识到淘宝将会与来自美国的电子商务巨头eBay（易趣公司）展开竞争。马云的这一演讲激励和坚定了团队的信心，使得团队更加自信。最后，马云用免费思维击败了eBay（易趣公司）的中国子公司，这十七人后来都成为阿里巴巴集团的骨干，获得了事业上的巨大成功。

处于危机时如何发表演说？

在企业发展中，企业家扮演着极其重要的角色，作为企业的主心骨，企业家的一言一行对于企业的影响都是巨大的。

1985年12月的一天，时任青岛海尔电冰箱总厂厂长的张瑞敏收到一封用户来信，信里反映工厂生产的电冰箱有质量问题。张瑞敏随即带着管理人员检查了仓库，发现仓库的400多台冰箱中有76台是不合格的。

对于这种情况，张瑞敏立即召集全体员工到仓库开现场大会。他先问大家怎么办？

当时，大多数人说这些冰箱只是外观划伤，并不影响使用，建议作为福利便宜一点儿卖给内部职工。但是，张瑞敏却这样说道："我要是把这76台冰箱卖了，就等于允许明天再生产760台、7600台这样的不合格冰箱。将这些有缺陷的产品放行，就无法谈质量意识……"

张瑞敏宣布把这些不合格的冰箱全部砸掉，并抡起大锤亲手砸下第一锤。

张瑞敏的演说使海尔的员工开始真正地意识到质量问题对工厂的影响，树立了员工的质量意识，从而使海尔的面貌焕然一新。如今，海尔成为全球大型家电第一品牌，这个第一名的成绩离不开张瑞敏那一场传承至今的演说。

在危机时刻张瑞敏发表了演说，从而起到了改变企业命运的关键作用。

企业家在演说时需要注意以下几点：

一、学会鼓励。我们知道，鼓励别人和被别人鼓励是人之常情。所以，任何员工和管理者都需要被鼓励。这就要求企业家不能吝啬于鼓励他人，尤其是员工遭遇麻烦和出错的时候更需要鼓励，而不是一味严厉地责备。

二、换位思考。在演说中，企业管理者可能从自己的立场思考问题，但这样的演说往往不能打动别人。

三、营造轻松的氛围。在演说中，企业家要营造出一种轻松的氛围，这是人们喜闻乐见的。

四、公开激励。我们发现，从小学开始，我们在学校上课的时候都会经历这样的事情，即老师在课上表扬某个学生，为学生颁奖等。老师之所以这样做，是因为在表扬学生的同时也会激励其他未得到表扬的学生。同理，在企业的员工大会上，管理者可以通过激励的方法在员工之间展开良性的竞争。

五、明确分工。如果公司准备进行大规模的人事调整，企业管理者的公开演说要比其他方式更具成效。

企业转型时如何演说?

除了在创始团队内部发表演说、管理企业时发表演说——除此之外,企业在转型时更需要企业家发表演说。

2010年,金山公司的WPS办公软件、互联网安全和网络游戏三大主营业务均遭遇强敌,当时作为金山掌门人的雷军不得不宣布企业准备进行转型。

2010年11月18日,雷军在员工大会上发表了演说。

首先,雷军展示出自己温情的一面。

他说的第一句话是:"这是三年来我第一次出现在我们金山的员工大会

上，内心感慨万千，一时间不知从何说起。"雷军说自己对金山的感情很深，这与金山公司全体员工的心情是一样的。

接着，雷军说到金山公司副总裁陈勇的故事。副总裁陈勇在和雷军谈论金山的危机的时候，着急得都哭了，当时金山正遭遇360公司的重大威胁，这个故事一下子打动了所有员工。

然后，雷军回忆起金山公司从1988年创立后曾有过的辉煌和荣誉，起到了激励员工的作用。

经过前面的铺垫后，他说：

如何让我们这样一支曾经打过硬仗、打过肉搏战的队伍重新武装起来、重新出发？我想，我们只有来一次自我的革命，才能实现凤凰涅槃；我们只有打烂所有的坛坛罐罐，才会重新变得强大起来。现在，不仅仅需要各位有勇气、有信心，我们还需要有策略。

第一，我们坚决把毒霸团队变成独立运作的公司，只有成为独立的公司，才能解决效率和投入的问题，才能初步具备跟对手作战的实力；

第二，进行基因改造，让我们从一家传统软件公司，变成优秀的互联网公司。这两者有多大差别呢？看看微软，看看谷歌，就知道有多大的差别。如果我们不变革，等待我们的真的是死路一条。

雷军的这一段话既表达出金山急需改革的要求，又说到了具体的改革步骤，减轻了员工对改革的担忧。

最后，雷军向全体员工推荐由傅盛作为新公司的管理者，帮助傅盛在全体员工中间树立了威信。他说：

为什么我们选择傅盛做新公司的领头人呢？因为傅盛是一个具备互联网精神的人。什么是互联网精神?我觉得最核心的有三条：

第一条，极致。我的另外一个投资团队成员，在半夜两点给我发了一个短信，"我终于明白啥叫'极致'了，极致就是把自己逼疯，把竞争对手逼死，这叫极致"。

第二条，用户口碑。我们经常说"好的产品会说话"，光满足用户需求，这还不够，要超越，要引导。

第三条，快。速度上是不是比竞争对手更快，是不是更能关注用户的反馈，小步快跑，这都是互联网精神所特有的。

最后，我们看了金山转型的成功。三年后，金山公司市值上涨400%，由傅盛挂帅的主营安全业务的猎豹移动公司已于2014年5月在美国上市。金山的转型成功了，雷军的转型演说达到了激励员工的目的。

雷军的转型演说既在情感上打动了人，又有很多干货，是一场高水平的演讲。不可否认，雷军的演讲宛若为金山的全体员工打了一针强心剂，这是金山转型成功的开始，这就是演说的力量。

发布会上如何发表演说？

演讲设计大师南希·杜瓦特在她的著作《幻灯片的学问》中写道："演讲已经成为标准的商业交流工具，公司顺利初创、产品成功发布、环境得到应有的保护等都可能和演讲的质量相关。同样，一个创意、一项事业，甚至是整个职业生涯都可能因无效的交流而毁于一旦。世界各地每天都在进行着无数演讲，但其中只有小部分做得还行。"

2007年，苹果公司了生产出苹果手机，这是手机历史上的重要时刻。在这一年，苹果公司的产品发布会也成为经典，尤其是乔布斯发表的演说，更是轰动全球，令无数人膜拜。此后，由公司创始人或首席执行官主持的产品发布会成为一种潮流。

众所周知，谈到追求极致产品的企业家，我们总会提到乔布斯。乔布斯因为倡导独一无二的用户体验，创造出商业世界的奇迹，苹果手机风靡全球。除此之外，苹果公司的产品发布会也是一件极致的产品。我们认为，就某种程度而言，先有苹果的产品发布会，后有苹果产品的风靡世界。

苹果的产品发布会极大地增强了苹果产品的影响力。乔布斯通过演说令苹果手机的性能、价格等引起人们的注意，而且向人们传达出了一种企业和个人的理念、精神。苹果手机在这个过程中完成了一种跨越，犹如具有了灵魂。

那么，我们来看看乔布斯是怎样准备一场苹果新品发布会演说的：

提前准备。乔布斯一般会提前数月准备苹果新品发布会的演说。

排练。在正式开始之前，苹果公司通常会进行彩排。彩排时，包括演讲稿的幻灯片色调、聚光灯的打灯角度、演讲节奏、幻灯片的展示顺序，乔布斯都会过问，并进行微调。如果其中出现什么纰漏，乔布斯就会非常生气。

演讲内容。乔布斯会亲自撰写和修改演说稿及其幻灯片。他对于演讲内容的要求非常高，还会专门就演讲稿中的某些语句或隐喻和他人探讨，令每个词、每句话都能达到相应的效果。

在演说过程中，乔布斯对于各个细节的把握同样令人称道：

让数字变得具象。在一次演说中，乔布斯向观众宣布苹果公司已经卖出了400万台手机的时候，他没有戛然而止，而是接着说，这一数字相当于每天卖出两万台手机，相当于其他三家竞争对手加起来的数字。如此一来，乔布斯的这句话具有了更强的影响力和传播力。

设计经典时刻。苹果公司发布Air电脑笔记本的时候，乔布斯说它非常薄，可以装进一个信封里。随即，他从一个信封里拿出一台Air。

乔布斯也懂得愉悦观众。在2007年的苹果产品发布会上，乔布斯拿出了他的手机，拨打了旧金山一家星巴克咖啡店的电话。那边的服务员说："早上好，请问有什么可以帮您？""我想要订4000份外卖拿铁，谢谢。"乔布斯一边笑着一边说："不不，开个玩笑。打错了。再见！"

这不是一个简单的恶作剧。乔布斯打给星巴克服务员的那通电话是苹果手机历史上的首次正式拨叫。所以，当乔布斯一挂断电话，观众立刻爆发出笑声和鼓掌声。

从某种程度上而言，苹果的产品发布会也是一台精心设计的电商节目，过程起承转合，情节跌宕起伏。

除此之外，在苹果产品发布会上，苹果公司不会为观众发纸笔，不会允许现场发生任何与舞台无关的事情，现场的观众只能聚焦在舞台上，台上的乔布斯也不会说任何与产品无关的事情。

总之，乔布斯对每个细节上的精雕细琢，成就了举世瞩目的苹果新品发布会，吸引着数十亿人的持续关注，也完成了苹果新产品的全球推广。

招商会上如何发表演说？

苹果公司的新品发布会备受瞩目，它不仅仅面向企业家等商界人士，而且面向全球的消费者。同样，像国内的华为、小米等公司的新品发布会也是如此。

但是，我们发现更多的中小企业并没有得到大家的关注，所以，很多中小企业主只能面向几百上千人推广自己的产品，这就叫作招商演说会。

在这样的环境中，企业家的演说能力也是十分重要的。企业家进行招商演说的目标十分明确，就是吸引投资、招徕加盟店、宣传产品等。

现在，很多中小企业家会接到各种招商会的邀请。有的是政府组织的，有的是行业协会组织的。有些成功的招商会的场面十分轰动，参与者十分热情，台上的人侃侃而谈，台下的人反响热烈，这和苹果公司、华为公司、小米公司的新品发布会是不一样的。

苹果公司、华为公司、小米公司的新品发布会的气氛更加庄重，有一种简约的时尚感。但是，一般的招商会却十分喧闹、嘈杂。前者的新品发布会凸显产品的中心地位，侧重讲述产品的性能，并在演说过程中强调产品的情感属性。而一般的招商演说往往是即兴的，而且其营销内容要多于对产品的介绍。

经过总结，我们发现成功的演说者会把握三个侧重点，以提高演说的说服力。

第一，强调企业的实力。

一般来说，一个客户投资你的产品或加盟你的公司是具有风险的，那么如何降低这种风险呢？假如你的企业本身就实力强大，为了继续增强投资者的信心，你可以在必要时谈及自己的企业在同行业的竞争中取得优势的原因，使人们能够了解你的企业的盈利模式、商业模式等。毋庸置疑，一个拥有成熟的运作模式的企业可以增强投资者的投资信心。

第二，强调产品的核心竞争力。

一个优秀的产品可以促使企业崛起，也可以让企业起死回生，比如社交软件陌陌。我们都清楚，腾讯公司的微信、QQ等社交软件十分强大，但是陌陌却在这两个"巨无霸产品"的围剿下成长壮大。比如凡客公司的免烫衬衫，凡客在2010年后几乎濒临倒闭，但凭着一款免烫衬衫成功地复活。

所以，演说者在介绍产品的时候需要强调产品在同类产品中的竞争力。

20世纪中期，美国达彼思广告公司有一个著名的广告人，他的名字叫罗瑟·里夫斯，他提出了一个重要的概念，即独特卖点。比如，消费者购买你的商品的唯一理由就是你的商品的独特卖点，或者你的商品相比于其他同类产品更加好的一个方面也是你的商品的独特卖点。罗瑟·里夫斯在撰写广告语的时候，就经常运用这一概念。所以，他的广告语都非常简单，往往每种产品只对应一条广告语，而这条广告语就表达出产品的独特卖点。

罗瑟·里夫斯认为要推销你的产品或业务就要找到其独特卖点。在很多演说中，人们常常会抱怨演说者没有介绍产品的亮点，这就是演说者对所介绍的产品或服务缺乏深刻的认识，这样的演说往往会导致失败。因此，演说者在进行演说之前就需要找到自己要介绍的产品或服务的独特卖点，也就是核心竞争力，只有这样才能最后达到推广产品或服务的目的。

第三，强调将为客户带来的赢利点。客户之所以来参加招商会，根本目的在于寻找新的投资和发展机会。所以，演说者需要抓住客户的关注点，从客户利益出发，进行周密和详细地介绍，只有这样才能打动客户。

在招商会上，企业往往面临着两种情况，一种是受追捧，一种是受冷落。就某种意义上而言，招商演说往往只许成功，不许失败，因为来的都是重要的客户，都是某一地区或某一领域的商业精英。一旦失败，企业就可能失去这些重要客户的信心，对未来造成不利影响；而一旦成功，企业将获得免费的口碑推广。

在项目路演上如何发表演说？

根据金融机构的相关调查报告，中国近三年来有88%的初创企业有融资需求，但真正获得资本支持的企业只占12%。调查进一步显示，即使在12%的成功融资的企业之中，也只有3%的企业按照融资计划完成了融资。

对于很多企业来说，项目路演是获得融资的重要机会。项目路演是企业或创业代表在讲台上向投资方讲解项目属性、发展计划和融资计划，一次成功的项目路演能够为企业带来充足的资本金。

项目路演有一个优点，它可以将许多投资者聚集在一起，在一个安静的环境里，企业家或创业者可以以一对多的形式向投资人发出融资邀请。所以，对于需要融资的企业家和创业者来说，通过项目路演获得融资的成功率更高。

对于企业来说，项目路演是重要的融资方式，但是这也对企业家和创业者的演说能力提出了较高的要求。假如演讲者的演说没有打动投资人，成功融资的机会就会比较渺茫。

有一家北京公司，它的产品是一款企业办公软件。2015年年底，这家公司的王总就遭遇了难题。王总天生是"大舌头"，发音不准，而且他的普通话也不标准。

2015年12月4日，他收到来自天使投资机构原子创投的通知：参加一场A轮融资的路演，届时将有300多位著名机构的投资人在场。毋庸置疑，对于创业者来说，这是一个获得融资的重要机会。

王总当然懂得其中的道理，因此他谨慎、认真地准备了他的演说。但是，他的彩排效果非常差，在演说过程中他语无伦次、口误、卡壳的地方非常多，这令他忧心忡忡。

他心急如焚，一个人躲到酒店洗手间反思，然后在洗手间里对着镜子不断地练习，一遍又一遍……

皇天不负苦心人，最终，他的路演效果非常好。他说，这是自己三十多年来最好的一次口头表达。最后，他收到了近30家VC机构的联系请求。

这个例子非常典型，王总通过不断练习，最后取得了成功。这是值得我们学习和借鉴的案例。

为了达到目的，演说者也可以提前模拟路演中的提问环节。演说者可以邀请若干投资人参与模拟路演，并请他们提出客观的意见，这能够在一定程度上使演说者提前适应在项目路演中进行提问环节时的氛围。

需要强调的是，在项目路演上必须由公司高管亲自出面。我们认为，企业家与投资人进行面对面沟通交流是商业社会的重要规则。

曾经有一位来自世界五百强企业的高级副总裁是这样挑选他认为合适的供应商的：每当有供应商联系他请求会面时，他总是给出一样的回答，说："我没有那么多时间见面。请把你用于展示产品和服务信息的幻灯片通过邮件发给我就行了，我看看是否感兴趣。"

这是这位高级副总裁给供应商的考验，假如供应商真的这样做了，那就不可能得到合作机会的。在这位高级副总裁看来，商业行为归根结底是人与人之间的沟通，只有通过沟通交流，他才能真正评估供应商的产品和服务。

企业家的演说对于企业能否融资具有重要的影响。除此之外，企业家的演讲水平和质量还会直接影响企业的股价。

从2005年开始，美国公司所有的上市路演都会被拍摄下来，并发布在指定的网站上，任何人都可以访问该网站。按理说，假如一家公司将演说过程摄制下来，并放在网站上，那么投资人就可以通过网络视频看到，并做出是否进行投资的决策。

但是这种情况在实际中并没有出现过。这其中的原因是显而易见的，因为没有任何一个投资人会根据录像资料来决定自己手里数百万美元的命运。投资人需要见到企业高管，并和他们进行或多或少的交流。

一家叫A123Systems的科技公司的情况就可以充分说明这样做的重要性。在进行路演之前，该公司预计募股价格为每股8~9.5美元之间，在路演之后，这个价格被调整为每股13.5美元，在该公司股票第一个交易日结束后，收盘价格更是达到了每股20.29美元的惊人价格。

由于该公司的首席执行官和首席财务官参加了项目路演，通过面见投资人，与他们交流，获得了更多投资人的认可和信任，最终导致股价不断攀升。

2014年9月8日，阿里巴巴集团在美国纽约华尔道夫酒店开始了上市的首战路演。

马云现身路演现场，发表了轰动性的演说。在现场，有近1000名美国投资人。结果，阿里巴巴路演首日的情况非常火爆，完成了股票的超额认购。

通过对项目路演的研究，我们总结出一些有价值的结论：

第一，时间不能太长，控制在10分钟内。项目路演的国际标准时长为5分钟，因此，演讲者需要通过不断练习，以保证对演说时间的精确把控。

第二,以"自我"为中心,不要以PPT为中心。讲演者应该尽量展现自己的风采和能力,而不要让投资人把注意力都放在PPT上。

第三,讲自己的故事,不要用别人的案例旁证自己。这样做的缺点在于可能会让投资人认为你想要复制他人的成功。对于很多投资人来说,这是缺乏创新和市场前景的。

第四,投资人会着重关注企业项目的商业模式是否清晰,是否有创新,除此之外,还会对创始者的背景、经验、创新理念和创业信心做一个评估。所以,演说者需要保持足够的自信。

第五,脉络清晰。演说者需要让投资人明确地知道你要做什么,怎么做?如何保证做到?目前都做了什么?融资的需求是什么?商业的目的是取得利润,创业者还需要向投资人说明项目利润、盈利模式以及市场空间。

进行会议营销如何发表演说？

我们发现，以营养保健食品为主导产品的"会议营销"发展到今天已有20多年的历史，它还带动了教育型会议营销的快速发展。如今，"会销行业"的人员已经达到千万人的规模，很多企业会采取会议营销的方式进行营销活动。

会议营销划分为四种属性——教育型会议营销、体验型会议营销、娱乐型会议营销和快速型会议营销。按照《中华人民共和国食品安全法实施条例》：以电话、会议、讲座等形式销售食品的企业，应当依法取得食品经营许可。

在生活中，人们或多或少地接触过会议营销。对于会议营销，人们的认识大同小异。会议营销的关键在于演说者是否能够促使观众产生消费欲望。由于会议营销采取的是现场成交的模式，并且交易额较小，一般在几百到上千元左右，所以，讲演者只要在短时间内快速地打动观众，激发观众的消费欲望，就能取得较大的销售额。

假如演说者能够打动十个人购买产品，就可以获得十份利润；如果演说者能够打动一百个人购买产品，就可以获得一百份利润。所以演说是会议营销能否成功的关键，它决定着会议营销的最终利润。

因此，我们从很多成功的会议营销中总结出了一些实用的技巧，分享给读者。

为了达到快速营销的目的，作为营销的演说者需要从以下几个方面入手：

第一点，强调产品的价值。对于参与会议营销的普通观众，最关心的莫过于产品的价格，大家都是想要物美价廉的商品的。但是我们发现，如果演说者不断地强调价格因素，反而会让自己陷入不利的境地，以至于要通过不断降价来迎合观众。所以，我们认为演说者首先需要强调产品的价值，以及产品能够对用户产生的作用。演说者如果能够在这方面打动观众，观众对产品价格也就不会那么在意了。

第二点，把握产品的定位。不同的观众有不同的性格、不同的需求，所以我们需要找到一个能够引起多数人产生共鸣的产品定位。比如，某保健产品的定位是改善睡眠。我们知道很多人想要改善睡眠，所以当我们这样介绍该保健产品的特性时，就能吸引很多人的注意力。

在进行产品营销的时候，演说者需要具有把握时机的能力。我们发现，当观众的情绪达到高潮的时候，这时的营销效果是最佳的。

第三点，提供高质量的增值服务。当观众有意向购买产品，但还是有一点犹豫的时候，演说者可以向观众承诺"提供高质量的增值服务"。比如，如果购买某种电器产品，消费者就可以得到免费的维修机会或者其他增值服务。

在会议营销中，我们经常会遇到消费者反问的情况。比如，有的消费者就会反问销售人员："为什么你们的产品比同类产品贵这么多？"在这个时候，销售人员可能否定消费者的观点，认为自己的产品并不比同类产品贵。但这样的回答是十分冒险的，实际情况是我们的产品可能就比市场上的同类产品的价格更高。

一个有着丰富销售经验的销售员在面对类似的情况时会这样回答："我们以这个价格销售产品，是合理的，因为我们还将为您提供保修服务。实际上来说，您节省了费用。"这样的答复就消除了消费者的质疑。演说者还可以通过优惠促销、提供个性化解决方案等方式达到加速营销的目的。

阿兰·道伊奇曼在《追随内心》中写道："记住，你的新产品本身并不能改变顾客的观点。你要做的就是要向别人展示这个产品如何能让生活变得更加美好。做到了这一点，你就赢得了顾客。如果你还能用有趣的方式做到这一点，你就能拥有忠实的粉丝，他们会义务为你工作，替你宣传，帮你推销，用传教士一般的热情，传播来自你产品的'福音'。"

阿兰·道伊奇曼的这段话还说出了作为销售人员的两点成功秘诀，第一点是让消费者得到舒适的消费体验；第二点是让消费者感到不乏味，充满趣味。换言之，营销人员的工作本质是让消费者得到完美的消费体验。

蒙牛的危机演说

企业在发展的过程中可能会遭遇很多问题,甚至遭遇危机。当一家企业遭遇危机的时候,人们会把目光聚焦在企业家身上。在这个时候,企业家需要以身作则,勇于承担责任。如有必要,企业家还需要通过演说、接受采访的方式减少外界对该企业的质疑。我们认为企业家在适当的时间面对公众发表演说可以有效地回应公众对企业的质疑,降低企业危机的负面影响,并在一定程度上提高企业员工的凝聚力。

2008年,三聚氰胺事件爆发,作为行业巨头的蒙牛难以独善其身。事发半个月,蒙牛的资金链千疮百孔,产品销售额严重下滑,销售量降低90%以上，部分生产线停产，蒙牛股价暴跌。

最后蒙牛能够扛过这次危机，公司董事长牛根生在蒙牛员工大会上的演说起到了重要的作用。

全文如下：

尊敬的各位员工：

今天把大家召集起来，是因为有两条路摆在我们面前，一条是死路，一条是活路。

昨天，是乳制品行业最为可耻的日子，根据《新闻联播》的报道，国家从22家乳制品企业生产的婴幼儿奶粉中检出了三聚氰胺。

也就是说，全国一些婴儿的胃里，包括在场少数员工的孩子的胃里，或许就曾吞下过这种有可能让肾脏长出石头的怪物。

责任在谁？我们每个人都逃脱不了干系。有人说他一点都不知道这事。是的，在此之前，除了那些故意添加三聚氰胺的害群之马，以及他们的帮凶，其他人有谁知道暗藏在宝宝肾脏里的这颗"定时炸弹"？然而，"不知道"这三个字绝对不能成为自我开脱的理由，因为无知本身就是一种犯罪！

尽管奶粉在蒙牛产品中所占的份额不足1%，其中不合格婴幼儿奶粉所占的比重更是小而又小，但我们绝对不能容忍这种行为。尽管我们在全中国创建了第一批万头奶牛规模的牧场，主要奶源掌控在自己的安全视线之内，但毕竟，哪怕1%的疏忽也可以给顾客造成100%的伤害！——由于全球检验传统的惯性，由于行业检测手段的局限，或者干脆说，是由于我们自身的无知，我们没能完全把含有三聚氰胺的原奶阻挡在厂门之外，没有替孩子的妈妈当好安全卫士，这就是我们最大的失职。

我们要追究犯法者，严惩责任人，把制造灾难的那个"黑洞"完全堵上。

但这样做还远远不够，我们面前站着忠诚的消费者，背后站着投资的股民，四周还有广大合法经营的奶农……我们可以对他们说些什么呢？我们能够为他们做些什么呢？在责任面前，我们唯一的选择就是负起完全的责任！

我们要为消费者负起责任。

对于那三个批次的问题奶粉，我们要干净迅速地全部召回。对因食用问题奶粉而造成身体疾患的消费者，我们将按照国家标准双倍赔偿；今后五年内查出由此造成的疾患，我们负责到底。

我们还郑重承诺，为了做到对消费者坚决地、彻底地、全面地负责任，从今天开始，我们将委托国家及地方相关检测机构，对蒙牛所有产品进行全面检测。奶粉要检测，液态奶要检测，冰淇淋也要检测。检测结果将于几天后予以公告。也就是说，我们要用自己的实际行动，让市场上只存在安全产品，让全国消费者放心！因为我们不能判定坏蛋只做三鹿，不做其他企业；只做奶粉产品，不做其他品种；只做河北，不做其他省份。

我们要为奶农负起责任。

凡经检验合格的原奶,我们要一斤不少地按照合约继续收购。

我们要为股民负起责任。

企业当初是股东拿钱创办起来的,无论对于老股东还是新股东,我们都要为他们的投资收益和风险承担责任。

我们要为经销商负责任。

近百万经销商、物流大军在前线兢兢业业,我们要对得起他们的汗水。

我们一定要与国务院、省市政府保持一致。

要懂大局,识大体,对各项政策坚决贯彻,认真落实。

我们还要为自己负起责任。

在这场中国乳业责任事故中,我们的三万员工是无辜的,你们付出了辛苦的劳动,本以为种下的每一粒种子都是"龙种",却想不到收获的一些竟然是"跳蚤"。但大家是企业的中流砥柱,考验面前,千斤重担我们一起挑。

我还想告诉大家,昨天我们管理层开会一直开到凌晨四点半,会议上虽然有各种各样的意见和建议,但最后做出的结论只有一个:大品牌要负大责任。

无论是与非,无论长与短,我们都要坚决地、彻底地、全面地负责任。

为了承担责任,我们做好了不惜一切代价的准备。

即使公司完蛋,我们也要毫不犹豫地履行承诺,把细节做到位,哪怕牺牲自己也要营造出一个干干净净的乳制品市场，坚持我们一贯的"始终将消费者的安全与健康放在第一位"的立场。

我们宁可轰轰烈烈地死掉，也不能猥猥琐琐地活着。如果因为负大责任而死掉，死而无憾！至少，负责任死了比不负责任死了光荣得多。这就是我们的"终极思考"。

最后，我在这里郑重宣布：如果这件事情处理得不好，我这个董事长将引咎辞职。

这篇名为《在责任面前，我们唯一的选择就是负起完全的责任》的演说词随后被牛根生贴在自己的博客中，获得了广泛的传播。牛根生主动地承担责任，积极发表演说，提高了企业与蒙牛员工、供应商的凝聚力，回应了公众的质疑和猜疑。牛根生的这次演说是一次典型的"危机公关"，达到了维护企业形象的目的。

事实上，很多企业家和创业者都没有接受过"危机公关"的训练。我们认为：危机这个词，一个字是危，一个字是机。也就是说，企业如果处理得好，也会迎来机遇。

企业在面临危机时，企业管理者应该具备以下素质：

企业管理者必须以身作则，公开承认错误。

企业管理者应该积极地与外界沟通交流。当企业领导者的讲话广泛地出现在报纸杂志、互联网中，对于粉碎不实谣言以及引导公众舆论具有直接效果。

企业管理者需要尽可能表明立场，并做出承诺。企业管理者在一场危机中应该有清晰的立场，这一立场不能随时变化。当类似的损害消费者利益的事件出现时，企业管理者必须做出惩罚肇事员工、补偿消费者损失的承诺，并快速执行。除此之外，企业管理者应该强调企业在未来的改变，增强公众的信心。

企业管理者应该保证企业的正常日常运作。企业管理者需要及时应对企业危机，但如果企业的日常运作出现问题，将会助长危机。所以，当危机发生时，企业管理者应做出必要的部署，以保障企业能够正常运作。

在危机中，企业家的演说在关键时候能够起到安抚企业内部员工、消费者、投资者的作用，为成功解决危机奠定基础。

成功的"90后"创业者是这样演说的

估值10亿元的电商平台礼物说的创始人是一名"90后",在《我是演说家》的节目上,这位年轻的创始人发表了一段颇为真挚动人的演说。在我看来,他此次的演说并非为了融资,或者单纯为了塑造企业的品牌,就像《我是演说家》这个节目的名字一样,他向所有的观众讲述了"演说"以及他成功的秘诀。

全文如下:

大家好,我叫温成辉,我还有第二个名字:"90后马云"。第一次听到这个名字时，我惊讶极了——原来我在江湖的地位这么高。后来，我朋友跟我说，成辉啊，你别自作多情了，我就是觉得你长得像马云而已。

其实，大家叫我"90后马云"，是因为我才22岁就拥有了一家估值10亿的电商公司，公司的名字就叫礼物说。因为我创业得比较早，所以我的朋友们都问我，创业有没有什么秘诀？我说，当然有啊。秘诀就是两个字：演讲。

演讲太重要了，它陪伴着我一直走到了今天。15岁的那年，我读高一，我是一个小小的文艺青年，特别喜欢写小说。我就想要是有一天能够有自己的杂志，那该有多好啊。想到我就去做了，花了大半年时间就把我的杂志印了出来，那个时候的我仅仅是靠着胆子大，去到每个班宣传，把一千本杂志给卖了出去。但是，胆子大不就是学好演讲的第一步吗？

18岁的那年，我来到了我梦想中的大学。我看到学校的风景很漂亮，我把它们画成了明信片，一天的时间，卖了一千套明信片，赚了一万多块钱。那个时候的我被胜利冲昏了头脑，我又印了一千套，结果它们全都烂在了仓库里，根本卖不出去。

这时候，学校里有一个创业大赛。要是能够拿到一等奖，就有一万块钱的奖金，要是拿到这笔钱，我就有救了。

于是，我连夜组织我的伙伴们，我们开会研究怎么样才能把这场比赛给打好。在所有参赛队伍中,我们的PPT是做得最好的,我们的展示是最为流畅的,我们的道具准备是最为充分的,我们最后毫无悬念地拿到了第一名。那一次比赛之后,我才知道原来团队的协作与精心的准备才是演讲成功的关键。

21岁的那年,那时我有一个朋友,他过生日,我想给他送一份礼物,找了很久,都没找到合适的。这时候,我萌发了一个点子,我想我能不能做一款帮助大家选礼物的APP呢。我和我的团队花了三十多天的时间,终于把它给做了出来,它的名字叫礼物说。但这个时候,我的财务同事告诉我,成辉,我们的现金不够了,如果拿不到下一笔钱,我们就会完蛋。我那时候,就去找很多很多的投资人,他们都问了我一个问题,他们说:"你一个'90后'"才22岁,你认为我凭什么才能相信你?"

有一次,我实在是忍不住,就站起来说:"'90后'怎么了,'90后'虽然年轻,但我们依然能够付出十倍的努力去追赶他们;'90后'虽然年轻,但我们可以打破传统的束缚,用创新的方法超越他们;'90后'虽然年轻,但我们是未来的希望。未来的用户是'90后',未来的商家是'90后',未来的主流消费人群都是'90后',我们掌握着通往未来商业世界的钥匙。"

我这一番真情流露的演讲,得到投资人的回复:"成辉,我愿意投资你

3000万美金，好好干吧！"

一年的时间过去了，礼物说现在已经成为拥有2000万用户、每年销售额达十亿元的最大的礼品费电商，我们成功地做到了一个"90后"应该做到的事情，我们成功地证明了"90后"也能够成为一名负责任的创业者。

在我22年的经历里，演讲一直陪伴着我的成长。15岁那年，它教会我要勇敢地走向讲台；18岁那年，它教会我要和团队们一起合作；21岁那年，它告诉我，要用真诚去打动你的投资人。（以上文字录自《我是演说家》）

温成辉是一位演说达人，甚至可以说，正是他演说的天分造就了他今天的成就。试想，如果没有那一连串关于"90后"这个命题的反问，敏锐的投资人怎么会给这个年仅22岁的创业者3000万美元呢？

成功的演说者大致可以分为两类：一类是天才；一类不是天才，但却比天才付出更多。显然，温成辉属于后者。他提到，在18岁那年参加创业大赛的说明会上，他和他的团队通宵达旦地准备演说PPT，然而，在这个"粉丝经济时代"，我们更多看到的却是一成不变的"站台式"演说。

你有没有想过，为什么这些成功的创业者走到哪里都受欢迎？为什么他们在公众场合说的话永远都是观众想听的？为什么一场演说就能改变整个企业的命运甚至改变一个行业？也许你会说，这与演说者的经历、背景有关，这与演说者的天分有关，这与演说者的技巧有关……但是，在这里，我想告诉所有的读者，他们成功最大的秘密在于：聪明人做了不聪明的人更应该做的事情——勤奋！

第二章

克服恐惧

演说到底有多难

谁没有恐惧之心？

有哪些恐惧影响了我们

不断练习

上台前的放松诀窍

上台后保持自信

演说到底有多难

《伦敦时报》曾经对读者做过一个调查，询问人们世界上最恐惧的事情是什么，结果出来后，许多人大吃一惊。调查结果显示："当众讲话"是人们最恐惧的事情，而不是我们常常认为的死亡、衰老等事情。

戴尔·卡耐基毕生都在训练成人有效地说话，他说过这样的话："我一生几乎都在致力于帮助人们克服登台的恐惧，增强勇气和自信。"

对于大多数中国人来说，对于演说的恐惧更加强烈。

为什么会这样呢？我们得出了三个结论：一是中国人对演说者的要求普遍较高；二是中国人演说的先天条件较差；三是要做一场成功的演说的难度

较大。

我们通过古代雅典伟大的雄辩家德摩斯蒂尼的故事来谈论这个问题。

我们查阅了资料后，发现在古代雅典的法庭上、广场上还有国民大会上，到处都有雄辩的演说家。他们滔滔不绝地发表政论，往往引起很多民众的围观。

古代雅典的民众对演说这项艺术耳濡目染，慢慢就具备了较高的鉴赏能力。因此，当演说家发表演说的时候，民众对他们的期待和要求往往非常高，假如演说家在演说中用了一个不恰当的词或者做出某个缺乏号召力的动作，他们都会失望。他们甚至还会嘲笑和讥讽演说家的演说。

古代雅典的民众认为：一个出色的演说家必须声音洪亮，发音清晰，姿势优美，富有辩才。但是，德摩斯蒂尼并不具备这些条件：他天生口吃，嗓音微弱，发音不准，还有耸肩的坏习惯，所以德摩斯蒂尼的先天条件是很差的。

同样，大量中国人也缺乏演说的先天条件。有一部分中国人和德摩斯蒂尼的情况类似，存在一些生理上的缺陷，但更多中国人的缺陷体现在根深蒂固的国民性上。我们都知道，中国人的国民性是含蓄内敛的。用心理学的话来说，中国人普遍较为内向。显然，这对于演说是一个不利的因素。所以，大多数中国人都不擅长公开发表演说。

为了成为一个卓越的政治演说家，德摩斯蒂尼付出了超过常人几倍的努力，进行了超乎寻常的学习和训练。

这对于演说者来说是必要的。发表演说并非是一件简单的事情。假如你要成为一个成功的演说者，你所需付出的努力并不亚于你做其他任何事情所付出的努力。因此，有些人即便能够成功地获得财富，并拥有较高的社会地位，但对于他们来说，要完成一场成功的公开演说还是比较困难的。

德摩斯蒂尼为了改进自己的发音，把小石子含在嘴里朗读，迎着大风面向大海说话；为了解决嗓音微弱的问题，他一边行走在陡峭的山路上，一边不停地吟诗；为了改掉耸肩的坏习惯，他在左右肩上各悬挂一柄剑，或者悬挂一把铁叉。

德摩斯蒂尼用这些方法一直刻苦练习演说12年，最终成为古雅典著名的演说家。

在现代社会，我们无法想象演说者运用德摩斯蒂尼的方法训练演说能力，但是在中国，很多有志于提高演说能力的人也付出了巨大的努力。

一家媒体曾经报道了这样一个故事，一个成都大学的学生因为口吃非常自卑，由于他还比较内向，更加重了他的口吃问题。

为了解决这个问题，他开始不断进行发声和语言训练，并且积极主动地找陌生人对话。

为了克服自卑，他在学校的湖畔大声演说，几乎每一个经过学校湖畔的学生都围观过他的演说，很多人是没有这样的胆量和决心的。

这个学生不仅仅在学校的湖畔大声演说，他还在公交车上发表演说。第一次的时候，他的"公交车演说"只进行了大约2分钟就失败了。但他没有放弃，慢慢地，他的演说得到了公交车上乘客们的掌声。最后，他成为走红网络的"励志哥"、"演讲哥"。

类似的例子并不少。事实证明，演说的难度十分大，如果你想要成为一个成功的演说者，你得花费大量的精力为此努力。

谁没有恐惧之心？

人们可以通过练习来提高演说能力，但是演说者演说时往往难以掌控情感。我们发现，有时候，观众对演说内容并不特别关心，反而更加关心演说者的情绪是否自然。所以，很多演说者即便经过长时间的准备也会演说失败，原因就在于他们在现场产生了恐惧。所以，我们认为演说者的恐惧有时候是演说者面临的最大困难。美国诗人爱默森曾经说过："恐惧较之世上任何事物更能击溃人类。"

我们发现，演说者在进行演说时，会产生恐惧，这使得演说者脸红、口干舌燥、身体不适、掌心出汗、膝盖发软、声音发抖……总而言之，演说者会突然间发现演说时的自己不再是平常的自己。

香港凤凰卫视著名主持人窦文涛在回忆起初中生活时说道:"我在初中的时候,老师让我参加演讲比赛,写了演讲稿,也倒背如流了,我让家里人说任何一个自然段的头一个字,我唰唰地就把下面的给背出来了。上台的时候,底下黑压压一片,我背了第一段,就想第二段开头的字,背完了第二段,我的大脑一片空白,冲着全校师生沉默了足有一分钟,吓得尿裤子了,全校师生目睹我跑出了校门。后来我回学校,觉得旁边的女生都在笑我。"

演说者的这种恐惧从何而来?演说者自己也不愿意去探索这方面的原因。但是,恐惧一直存在,它不断地干扰着演说者,甚至在演说结束之后,演说者还会出现口齿不清、无精打采、失去食欲等"后遗症"。

除此之外,有的演说者还会在演说时产生巨大的情绪波动,而且往往难以控制。

对于这种情感波动,演说者很容易认为是自己的无能导致的。这种悲观心理只会使事态变得更加严重,甚至最后演说者会患上"演说焦虑症",不断地受其折磨。

有些演说者缺乏公开演说的自信,这样又加重了他们的恐惧心理。

但是,我们要告诉大家,很多名人对演说也是恐惧的。

著名风险投资家巴菲特曾经对在公开场合进行演讲非常恐惧。在上大学的时候，他会避开那些可能让他起立发言的课程。在21岁的时候，他开始从事证券业务，因此他不得不经常演说，所以他下定决心克服自己的恐惧心理。

当巴菲特了解到很多名人也曾经害怕演说时，他得到一些安慰，并慢慢地释然了。

通用电气的首席执行官杰克·韦尔奇说过："记得我第一次做演讲，完全是照本宣科。我前天晚上没有睡觉，一直非常紧张、流汗，那时我24岁。现在我可以站在成千上万的人面前演讲，对我来说这是件容易的事。积累经验之后就可以做到，我想每一个人都行。"

不仅是巴菲特、韦尔奇这样的商业大师，还有其他著名的演员、政治家也曾经恐惧演讲等。比如美国著名演员詹姆斯·加纳一生都害怕当众讲话，为此，他的拍戏工作甚至被迫中断。还有美国建国总统托马斯·杰斐逊以及美国前总统卡特的妻子罗莎琳·卡特等。

罗莎琳·卡特在自传中这样写道："站在人们面前的感觉使我非常害怕……演讲是不讲情面的，如果非让我讲，我肯定会张口结舌。"

2008年，创作过《天天想你》《一场游戏一场梦》《梅花三弄》《只要你过得比我好》《哭砂》等五百余首脍炙人口的歌曲的作曲家陈志远获得了第十九届台湾金曲奖的特别贡献奖。虽然早就知道自己得奖，但陈志远最终还是没有出席金曲奖颁奖礼，因为他最怕上台演说。

第二章 克服恐惧

无论是谁，无论这个人的地位高低，都有可能因为演说而产生恐惧和紧张的心理，甚至因此付出高昂的代价。所以，不妨将心态放轻松一点，不必有过大的心理负担。

当然，害怕演说和缺乏演说能力也是一个急需解决的问题。

对于大部分人来说，一次糟糕的演说可能对一次会议产生不利的影响，使一部分人对自己的印象变坏，而演说者付出的代价可能是无法获得融资、推广的产品难以吸引人等，但这只是短期影响。我们认为，害怕演说和缺乏演说能力对演说者的长期影响是：它会制约你发挥自己的潜能，你也无法将你的知识、技能与人有效地分享。

和名人相比，大多数的演说者都是普通人。普通演说者没有优越的家庭和生活条件帮助自己克服演说恐惧等问题，所以为此要花更多的精力。

《国王的演讲》是2010年上映的一部著名的英国电影，影片讲述这样的故事：1936年，英王乔治五世逝世，王位留给了患严重口吃、完全无法进行公开演说的乔治六世艾伯特王子。后来，在语言治疗师莱纳尔罗格的治疗下，乔治六世克服障碍，在二战前发表了鼓舞人心的演说。显然，大多数普通的演讲者缺乏艾伯特王子的条件，很难得到语言治疗师的帮助。

有哪些恐惧影响了我们

在演说时,演说者的恐惧和紧张是无处不在的,那么,到底是什么原因使演说者产生恐惧和紧张心理呢?

我们总结出了以下几种现象:

一、觉得自己能力不够。

二、感觉自己会出丑。

三、感觉自己看上去很愚蠢。

四、感觉自己的手在发抖。

五、感觉自己的声音在颤抖。

六、脑子一片空白，没有头绪，忘记自己该说什么。

七、想要打退堂鼓，马上结束演说。

那么，这些现象又是怎样产生的呢？我们总结出了五种常见的原因：

1. 演说者对演讲现场产生了恐惧。在演讲现场往往会出现一些不利于演说者的特殊情况，比如，现场可能有对演说者有敌意的上司和同事；演说者没时间准备讲稿，只能即兴演讲，等等。我们还发现，部分演说者在面对熟悉的同事和上司时，由于碍于面子以及担心出错等心理，会产生恐惧。

2. 演说者因为追求完美而导致恐惧。世界上总是有一部分人追求完美，在这些人中既有已经取得成功的人，也有很多未成功的人。从心理学上来说，人天生有一种力求把事情做得完美的倾向。追求完美让很多演说者产生了巨大的心理负担，他们认为自己一旦出错就会遭到严厉的批评，这种严厉的批评有时候是指演说者得不到观众任何的反响。

3. 演说者因为过分担忧而导致恐惧。在还没有开始演说之前，很多演说者会想象演说的过程、演说的结果，而这种想象往往会加深演说者的恐惧情绪。很多学生在考试之前，都会想象考试的过程、考题的难易程度、自己的答题状态，等等，这些想象来自一种合理的推测，但是过多的想象则会加深人的恐惧情绪。

4. 演说者由于逃避心理而导致恐惧。我们知道，人类有种趋利避害的心理。当演说者不情愿做某种不利于自身的演说时，他往往想逃避，敢于直面的人很少。这种想逃避的情绪会使演说者在准备中效率低下，并往往会用各种理由掩盖"演说即将开始"和"演说非常重要"等事实。

5. 演说者由于精神创伤而有恐惧。有的时候，人们害怕演说也许有一个深层次的原因，那就是也许曾经遭受过精神创伤。演说者可能小时候有口吃的缺陷而被人嘲笑；也可能曾当众演说遭到同学的喝倒彩；也可能曾遭到老板和同事的排挤，等等。演说者所遭遇的某些精神创伤会一直留在心里，当演说者再次公开演说的时候，他会想起过去，并产生恐惧。

上述的这些恐惧原因又可以分为两种，一种是状态恐惧，一种是特质恐惧。状态恐惧是指在特定的场合或情境下产生的恐惧；特质恐惧则主要指因为个人性格、精神状态而产生的恐惧，会让人难以正常演说和高效演说，甚至回避所有交际场合。

当演说者正视这些恐惧情绪和产生恐惧情绪的原因之后，他对演说的恐惧会减轻很多。所以，演说者需要自我反思。事实上，当演说者不再有意无意地回避这些恐惧情绪及其背后的原因之后，"演说焦虑症"会减轻很多。

不断练习

因为恐惧演说而产生的紧张、焦虑等情绪是演说者在演说前后经常面临的问题,事实上,很少有人能够在上台演说时始终从容镇定,那些优秀的演说者之所以能够流利自如地表达自己的观点,那是因为他们已经"身经百战",变得熟能生巧了。

事实上,演说者应该认识到要解决演说时的紧张问题绝非一日之功,在短时间内是难以解决的。我们可以设定一段较长的时间,建立目标,一步步地克服紧张的情绪。

很多演说者第一次上台演说时,大都会出现大脑空白、语无伦次、手足无措的情况。但是，如果有足够多的上台机会，并用正确的方法练习，重复多次后，就会形成一种良好的演说时的感觉，要记住这种感觉，并且熟练运用手势、表情、眼神等，就此你会摸到一些成功演说的门路。

在达到这一目标后，演说者就可以在不同场合、在不同人群面前演说了，在这样不断地演说训练之后，演说者就会慢慢地形成演说习惯。

经过不断地训练、修正和自我提升，演说者的演说习惯就会进而成为演说的能力。最后，演说者就这样循序渐进地克服了演说时的紧张和恐惧。

美国前总统卡特的夫人罗莎琳·卡特就是这样克服演说恐惧的。她的丈夫卡特竞选总统时，她必须得公开演说，她不得不开始了艰苦的练习。

她在传记中这样写道："我开始在小咖啡馆里和招待会上做练习，每一次都在深思熟虑后说上几句。我总是一到现场就非常紧张，我躲进盥洗室，把自己锁起来，一遍又一遍地练习我的发言（不会长于两分钟）……在很长一段时间里我感到非常痛苦，我不知道当我张开嘴的时候能不能说出话来。我的腿发抖，我总是担心说着话的时候脑子里出现空白……"

后来，随着日积月累的练习，她又写道："在进行竞选演说之前，我常常做简短的练习，我感到容易多了……"

英国前首相丘吉尔是世界上著名的演说家之一，而丘吉尔第一次在议会发表演说时，却因为紧张导致演说失败。那一次，他演说到一半，竟然忘记了下文，怎么想也想不起来，他憋得面红耳赤，手心紧张得出了汗。最后，他只好中断演讲，走下台时还紧张得腿都发抖。丘吉尔的糟糕表现遭到了议员们的嘲笑。

丘吉尔依靠艰苦繁重的训练，最终获得了成功。丘吉尔的后人曾经说过："他会在重要的议会演讲前几天不断地准备，为应对可能出现的各种各样的质疑，练习机智地回答或巧妙回避的技巧。丘吉尔在练习时非常投入，以至于他看起来像是在即兴演讲。他能把观众完全镇住。我们从他身上学到的道理很简单，但却需要我们为此付出很多努力。做练习十分关键，尤其是如果你想看起来自然随性的话，就更应该多加练习。"

爱尔兰剧作家萧伯纳也是如此，他从小有一个弱点，就是害羞，不敢在大庭广众之下说话。为此萧伯纳参加了一个叫"考求者学会"的辩论会，由于经常当众与学者们辩论，最后，他克服了自身的缺点。

我国著名的现代学者、诗人闻一多也是优秀的演说家，他的演说才华也是通过不断地练习才得到的。他曾在日记中这样告诫自己："近来学讲课练习又渐疏，不猛起直追恐便落人后。"他又说"演讲降到中等，此大耻奇辱也"。他写道："演说果有进步，当益求精致。"北京的一月天寒地冻，他在日记中写道："夜至凉亭练演说三遍。"回宿舍后，他又"温演说五遍"，第二天又接着"习演说"。由此可见闻一多对于演说是何等勤学苦练。

所以，我们认为，演说者想要克服演说时的紧张情绪，以达到在演讲台上收放自如的状态，根本的方法就是反复地练习。而且，演说者还需要尽可能地在公开场合发表演说。我们发现，"闭关式"的反复练习，并不会完全消除一个人的演说恐惧，只是暂时地克服。演说者需要通过经常发表公开演说来不断地消除恐惧，随着自信心和演说经验的积累，演说者才可以在不同的场合面对不同的观众进行演说。

上台前的放松诀窍

尽管可以运用反复练习的方法克服演说者的紧张情绪，但是到了真正上台演说之前，就会发现，考验才刚刚开始，就像复习了好久准备考试，但到了考场上，演说者还是会紧张。

在这个时候，就需要掌握一些必要的放松自己的诀窍和方法。

一、保持平静的呼吸。演说会使得演说者产生压力，人有压力的时候就会心跳加快、呼吸急促。那么，当演说者恐惧的时候，不妨通过深呼吸等方式来使自己平静。

在这里，我们介绍一种方法：

1. 找一个安静舒适的地方坐着，闭上眼睛，慢慢地把注意力集中在呼吸上面；

2. 深深吸进一口气，吸满，下沉，把腹部膨胀起来；

3. 憋住气，保持一会儿（约10秒），感受在此期间的平静；

4. 慢慢把气均匀地吐出来，想象着自己开始释放压力；

5. 重复做一次，深深吸进一口气，保持一会儿（大约10秒），然后慢慢地把气呼出来。连续做几遍，心跳就会变慢，呼吸就会变匀，心情也会逐渐平静下来。

二、放松身体。在演说过程中，演说者的肢体语言也备受人们的关注。我们知道，演说者的肢体表现可以为演说者的演说加分，也可能使演说者的演说减分。在日常交流中，演说者往往处于放松之中，所以演说者与他人的交流效果往往比较好，但是上台演说时，由于紧张，演说者的身体可能会表现得僵硬和不知所措。那么，演说者为了在台上能够表现更加自然的肢体语言，事先放松身体就变得十分必要。

有一种放松肌肉的方法是先找到一个安静舒适的地方坐着，然后按以下步骤操作：

1. 放松双手。伸出前臂，握紧拳头，用力握紧，注意你手上的紧张感受

（约10秒）。请放松，彻底放松你的双手，体验放松后的感觉。完成之后，停顿一会儿，重复做一次。

2. 放松双臂。先用力弯曲绷紧的双臂肌肉，保持一会儿，感受双臂肌肉的紧张（约10秒）。然后放松，彻底放松你的双臂，体会放松后的感受。停一停，之后再做一次。

3. 放松双脚。紧绷双脚，用脚趾抓紧地面，用力抓紧，用力，保持一会儿。接着放松，彻底放松你的双脚。停一停，之后再做一次。

4. 放松小腿部位的肌肉。请将脚尖用力上翘，脚跟向下、向后紧压地面，绷紧小腿上的肌肉，保持一会儿。接着放松，彻底放松你的双脚。然后再做一次。

5. 放松大腿的肌肉。请用脚跟向前、向下压紧地面，绷紧大腿肌肉，保持一会儿。接着放松，彻底放松你的双脚。然后再做一次。

6. 开始放松头部。请皱紧额头，保持一会儿。然后，彻底放松。停一停，开始转动眼球，从上至左、至下、至右，加快速度。再朝反方向旋转眼球，加速，然后停下来，放松，彻底放松。停一停，咬紧牙齿，用力咬紧，保持一会儿，接着放松，彻底放松。停一停，用舌头顶住上腭，用力顶，保持一会儿，接着放松，彻底放松。停一停，收紧你的下巴，用力，保持一会儿，放松，彻底放松。

三、放松面部表情。一些演说者在上台之前，由于过度紧张，可能出现面部僵硬的情况，演说者可以尝试以下的方法：

1. 轻轻地揉一揉脸，最好让手心变热；

2. 弹唇。用舌头轻弹嘴唇内侧，来回多次，使得口腔内部的肌肉更加放松；

3. 松下巴。微微张开嘴巴，轻轻甩动头部；

4. 瘪唇。将舌头顶住腮部内侧，左腮顶一次，右腮顶一次；

5. 饶舌。将舌头在口腔内做360度旋转；

6. 做鬼脸。将嘴巴张大到不能张大的地步。

四、散步。如果需要放松的话，散步是一个不错的选择。在演说开始之前，演说者可能已经多次练习过自己想要说的话，以至于把全部的精力都放在自己身上，这可能导致演说者的自我意识过强，这样就存在注意力过于集中的问题。而在演讲现场，可能会突发各种各样的情况，这就需要演说者的思想保持活跃。

据2014年斯坦福大学的一份报告发现："走路可以提高创新产出，平均提高60%。"所以，散步是提高演说者现场反应能力的方法。在散步的过程中，演说者可能遇到一些情况，比如，一只小狗会跑到身边，或者一个足球会滚到脚下，这些都可以提高演说者在演说时的敏捷性。

五、准备多种方案。如果演说者全神贯注在准备一场演说，结果这场演说推迟了或者出现了新的情况，先前的计划可能会全部泡汤。而且，演说者不能太依靠手稿和提词器，这可能会干扰现场发挥，也没有人喜欢演说者照本宣科。所以，演说者在制订演说计划的时候，需要多方面考虑问题，以及设想出处理特殊情况的方法。因此，对于重要的演说，演说者需要事先准备多种方案。

六、熟悉演说现场。在足球、篮球比赛中，都有主客场之分，而主场优势也成为各支球队的重要优势之一。同样，在演说的时候，演说者如果拥有主场优势，自然会更加顺利。如果演说者缺乏主场优势，在进行演说之前，演说者最好先熟悉一下演说场地。设想一下，假如演说者在一个大礼堂发表演说，如果不熟悉场地，演说者连扩音器声音的大小可能都难以把握。

七、积极的心理暗示。积极的心理暗示可以提高信心，可以保证演说者在台上这段时间保持积极的态度。很多运动员都是用这样的办法鼓励自己的，他们在出场的时候往往会做出一个手势以增强自信。

八、进行药物治疗。如果演说前过分紧张，以致不能入睡的话，可以在医生的建议下服用一些镇静药物，以消除紧张心理。

中央电视台前主持人倪萍曾经在自传里面提到过,在中央电视台演播厅后面有一条长长的过道,这个过道里平时没有人,在主持直播节目尤其是大型综艺节目之前,她会感到紧张,因此,她常常提前一小时来到这条过道放松心情。

她写道:"这条小小的狭窄的过道,像一个加油站,一次次给我加满油,上满弦,让我脚下的小路变大路,坎坷变通途。记得第一次参加春节联欢晚会的时候,我是怀着多么紧张激动、忐忑不安的心,站在这条过道上,等待那辉煌灿烂时刻的到来。离直播还有一个小时,我就穿戴整齐地来到这里,四个多小时的节目,厚厚的一大本串联词,我一遍遍地温习着,一次次地设想着直播中如果出现了失误我该如何去得体地挽回。"

她还写道:"以后的数百次直播,我都是提前一小时在那个狭窄的过道里静候,即使主持再有把握的晚会,我也想先到过道上待一会儿。过道成了我以最自信的形象走向屏幕的一种庇佑了。偶尔有几次因为舞台调度的需要而改作从门口入场,我上台准得慌乱好一阵子才能归于平静,第一个节目一完,我又赶快回到过道,去听听它与我共同呼吸的声音,这样的感觉,我说不清。"

倪萍的话告诉我们,主持人在主持节目之前也会紧张。她还告诉我们一个放松自己的方法,这个方法值得演说者学习借鉴。

上台后保持自信

演说者上台演说时，会感到紧张和压力，这是正常现象，大多数人都会这样。但是，我们可以把这种紧张和压力转化为正向的能量。

如果演说者实在过于紧张，可以使用一些小方法缓解紧张和压力，分散注意力。歌剧大师多明戈说过，自己在演出的时候也是非常紧张，他会在后台找一个小钉子拿在手里，让自己的所有紧张和压力都倾注在这个钉子上，然后心无旁骛地在舞台上尽情歌唱。演说者完全可以找一些小玩意儿来分散自己的注意力，当然也可以想一些有趣或美好的事情，以缓解自己的压力。

演说者也可以把注意力放在演说的内容和观点上。演说者当然也向观众呈现自己的声音、姿态等，但如果把注意力都放在这方面，就可能造成不利的影响。当演说者把重心放在观点和思想上，并认真专注地进行表达时，观众就会被演说内容所吸引，而忽略演说者在声音和姿态上面的缺点。一般来说，演说者都会精心准备自己的演说内容。演说者即便可能对自己的演说能力不够自信，但对于演说内容大都较为自信。所以，如果演说者把注意力放在这方面，自然就会自信。

在演说过程中，演说者需要与观众进行眼神交流。演说者的大忌是只顾自己念稿，而不与观众进行任何交流。如果这样的话，演说者会给观众造成这样的印象：胆怯，不够自信，不在意观众，忽视观众。如果演说者积极大方地与观众进行眼神交流，在观众眼中，演说者会是如下状态的：自信，渴望与他们交流，在意他们的感受。

最后，在演说中，演说者需要表现得强势一点。如果演说者看上去让人感觉温顺或者软弱，就很容易被观众轻视。如果演说者在演说过程中双脚并拢站立，耷拉着脑袋，双手不知所措，观众会觉得这是一位弱势的演说者。

可以用以下几种姿势表现出演说者的强势形象：

1. 双脚打开，使两只脚间有肩膀的宽度。

2. 膝盖稍稍弯曲，使自己可以四处自如地走动。

3. 抬起下巴和头，眼睛看着比观众头稍高的前面，保持视野的开阔。

4.双手不要并在一起,也不要分得太开,双手保持一个足球的距离。

如果演说者在演说过程中出现了一些不利的情况,也不要过分担心,可以用一些小办法来解决。

当你的手出现颤抖的时候,你可以通过抓住遥控器、笔等来稳定自己的双手,这些坚硬的东西可以让你暂时地释放你的力气。但要注意,如果你手里拿的是激光笔和纸稿,一旦你情绪紧张的话,就会轻易地被观众发现:人们会看到激光的红点到处乱跳,会听到纸稿发出窸窣的声音。

当你的双腿出现颤抖的时候,你也许可以适当地走动一下。当然,你最好穿的是宽松的裤子,因为紧身的裤子容易被人发现你的腿在颤抖。

当你的声音出现颤抖的时候,你需要在说话间隙通过深呼吸让稳定的气流通过声带,以控制呼吸急促的情况。

当你出汗的时候,你可以轻松自如地给自己擦汗。

当你感到口渴的时候,可以喝一口水。

除了这些方法以外,你还需要注意一些细节。一个成功的演说者往往是靠经验的积累,这些经验对于初学者克服紧张情绪很有好处。我们发现,演说新手可能在很多方面都做了准备充分,但是他们往往在一些细节上栽了跟头。

比如,如果当你讲到一半的时候,突然忘记了接下来要讲什么,该怎么办?在无人知晓你的演说内容的情况下,我们建议你可以挑自己还记得的内容说，而不必按照原来的既定内容说。你不必过于在意演说内容的完整性，在这样的情况下，完成一场缺少内容的演说比起未完成一场演说对你更有利。

比如，如何看待演说中的停顿？当出现停顿的时候，一些演说者往往会很紧张。在这个时候，观众聚焦在自己身上，而自己又没有发言，这一瞬间的滋味让人不那么轻松。实际上你不用担心这种情况。我们发现，富有经验的演说者往往通过停顿的方法使自己的演说内容更加层次分明，演说过程富有节奏感。

比如，当你和观众对视的时候，应该注意什么？一般来说，观众的眼神会让演说者感到压迫感，所以演说者多数时间会选择望向观众的头顶上方。当演说者有必要和观众进行眼神交流，或者说不得不和观众进行眼神交流的时候，演说者是不能回避的。如果因此感到很紧张。我们建议可以选择一些比较友好的、对你保持微笑态度的观众，与他们做眼神的交流，而避开其他让你感到紧张的观众。

比如，演说内容应该只用书面语表达吗？在演说中，如果我们多使用书面化的表达，会显得演说氛围十分严肃。这种脱离日常语言习惯的表达也很容易让人产生紧张感，所以，我们建议演说者在演说过程中可以加入一些口语化的表达。

除此之外，演说者可以适当使用肢体语言，做些手势，来缓解紧张情绪。如果演说者可以在一开始就吸引观众的目光，打动观众，就会给自己带来很大自信。

最后，一个有经验的演说者通常不会强调自己很紧张，或者强调自己的表现很糟糕。如果演说者面对观众做这样的表态时很可能会失去演说的自信。所以，我们建议，演说者对自己不要那么严苛。

第三章
打造个人演说风格

让你的眼睛炯炯有神

最好的表情

运用手势

个人形象

找到最好的声音

撰写一份精彩的演说稿

让你的眼睛炯炯有神

曾经有一个老专家在某次会议上发表演说,但他在照本宣科。有些已经上了年纪的老专家、老教授并不太懂得演说,而习惯于照着稿子念。这其中当然是有原因的,他们在青年时期并没有经过这方面的训练。但是,直到今天,我们发现还是有不少的青年人犯这样的错误。他们都把发表演说当成了读稿子,他们更专注于写稿子,而忽略了演说本身。

传播学教授鲍伯·法兰克曾经说过:"演说并不是站起来讲述文章。"他的话就说明了这个问题。

所以，演说者应该认识到精心地准备一篇演说稿和写一篇文章，这两者之间有相当大的差距。

演说者往往只有一次机会，在演说中将自己的思想和观点送达到观众的耳朵里，而书面的文章则可以被人们反复地阅读。

在演说现场，演说者稍有不慎就可能失去某一位观众的关注，而人们可以反复阅读书面文章来确定自己是否喜欢。

演说稿未必需要书面文章那样词藻华丽，而更多地强调逻辑清晰，容易理解。

写书面文章可以大规模地搬上数据论证自己的观点，但在准备演说稿中，人们更欢迎的是演说者用一个简短的富有内涵的故事来表达自己的观点。

除此之外，有研究证明，成人听一篇讲稿的效率要比阅读一篇文章的效率低得多。如果演说者不注意这一点，把文章写得很长，就显然会使观众的体验变差。所以，我们提倡演说稿要简短，其精髓要浓缩在千字左右或小几千字，内容要做到精辟和清晰易懂。

为了更加生动，演说者需要根据自己的状态和对演说稿的理解程度进行抑扬顿挫地演绎，并辅之肢体动作的变化。

声音与肢体动作的结合是演说的重要特点，演说者不仅仅需要通过声音表达自己的演说内容，而且还需要通过肢体语言表达自己的情绪和精神，而后者能够更大程度地感染观众。

肢体语言主要可以在三个方面增加演说效果：

一、观众可以通过演说者的肢体语言了解演说者的情绪状态。一个肢体动作丰富的演说者的情绪比一个缺乏肢体动作的演说者可以给观众留下更为直观的印象。

二、观众可以通过演说者的肢体语言进一步理解演说者要传达的观点，当演说者讲到重要内容的时候，他可以在表情上和动作上都做出相应的配合，起到渲染气氛和强调观点的作用。

三、演说者的肢体语言可以影响观众的情绪，因此，演说者具备引导观众情绪变化的能力。

关于演说者的肢体语言有多种，我们先谈一谈眼神。

我们知道，眼睛是心灵的窗户。研究表明：眼神包含的内容远比有声语言多得多。通过观察眼神，观众可以揣摩演说者的心理状态和精神状态，人们往往把炯炯有神的眼神和诚实、自信联系在一起。

我们发现，有的演说者眼神呆滞，就很容易给观众留下无趣的印象；有的演说者在演说过程中，会不断地看墙壁、房顶等与演说无关的东西，这就容易给人留下精神涣散、心不在焉的印象。

以下四个办法可以增强演说者的眼神表现力：

第一，巡视或环视全体观众。在演说过程中，演说者的巡视是必要的。上台之后，演说者先要用目光按照左右顺序巡视全场。通过这一做法，观众会感到演说者在注视他们，这是一种尊重观众和与观众建立起基本联系的做法。有的演说者可能只会关注他目之所及的一部分观众，而忽略了其他的观众，通过巡视的做法，演说者可以兼顾到所有的观众。如果演说现场过大，演说者可以采取环视的方法。

除了刚上台的时候，演说者也可以在演说过程中使用这两种方法。

第二，虚视。我们发现，当演说者的目光过于聚焦在某一处的时候，容易引起那一处观众的尴尬情绪。而且，演说者也容易被台下的观众分散注意力。那么，在这些情况下，虚视就成为演说者的解决方法。虚视就是演说者看着某处，但其心理丝毫没有受观众影响。所以，虚视就是"目中无人"，仿佛台下没有任何观众。

第三，点视。演说者在演说过程中需要与观众进行互动，而进行互动最好的办法就是选择与某一个观众互动。通常来说，点视的针对性很强，被演说者选中的观众往往能够快速地响应，从而避免无人回应的尴尬局面。点视还体现出演说者对观众的重视，加强观众的参与感。当然，演说者在使用点视法的时候也需要注意：如果时间控制太短，容易轻描淡写；如果时间控制太长，容易拖沓。除此之外，演说者在选择互动对象的时候应该提前注意观察台下的观众状况，选择适合的互动对象。

第四，用眼神表达特殊情感。人在闭眼、仰视、俯视、侧视的时候，都在表达一定的内涵。比如，在演说过程中，演说者可以采用闭眼的方法平复自己和观众的情绪，以及表达悲伤的情绪等。又比如仰视，演说者仰视的时候，往往是在向某人表达崇敬的情绪。

除了上述之外，还有一些情况需要演说者加以注意。比如，当迟到的人进入演说现场的时候，不要用责备的眼神盯着他；当演说现场有人在窃窃私语的时候，也不要用眼神盯着他们，这两种情况可能使观众觉得演说者很严厉。

最好的表情

心理学家阿尔伯特·梅拉宾认为,人的情绪信号中有55%与言辞完全无关,而来自于面部表情。面部表情在演说中占着重要的地位。

在我们的生活工作中,表情丰富的人被视为乐观积极的人,往往能够引起别人的兴趣;表情温和的人也往往能够引起人的同情。通常来说,我们会努力控制我们的本能情绪,向其他人呈现出代表友好含义的表情。

我们建议演说者多花点时间来观察自己说话时的表情。人的脸部肌肉共有43块,大多数人一般也只用到其中的三块而已。通过仔细观察自己的说话表情,你会清楚发现自己放松时、自信时、慌乱时是什么样子,从而更加了解自己。

我们建议，在上台之前，演说者可以用一些方法"唤醒表情"。比如，发出"啊啊啊"的声音，这可以让脸部的所有器官都尽可能地张大，然后，发出"呜呜呜"声音，使脸部的所有器官尽可能缩小。这样做有利于使人的面部表情更加丰富。

面部表情能表现出一个人的喜怒哀乐。但在演说舞台上，演说者需要尽可能地表现出喜与乐的表情，保持微笑，传递正能量，为观众营造一种亲切的现场氛围。

那么，演说者应该在哪些场合要注意时刻保持微笑呢？

第一，演说者在上台或退场时需要保持微笑。上台的时候自然不必说，演说者的微笑可以体现出友好的态度，是一个必要的礼节，而且还能拉近演说者与观众的距离，给观众留下好印象。

第二，演说者在表达喜悦或赞美情绪的时候需要微笑。演说者的一个微笑可以带动观众的热情。

第三，演说者在与观众互动的时候需要保持微笑。演说者与观众互动的时候，需要表现出亲切和宽容的表情，这会让参与互动的观众感觉放松，不会紧张。在回答观众的提问时，演说者的微笑也可以体现演说者的自信。当演说者的观点被观众怀疑时，微笑可以代表演说者友好、协商式的态度。

第四，演说者在现场气氛紧张的时候需要保持微笑。当演说者出现紧张、疲惫、说错话等情况时，演说者可以通过微笑缓和现场的尴尬气氛。当演说现场出现机器故障等突发情况的时候，演说者的微笑也可以起到安抚现场观众情绪的作用。

为了能够更加自然地呈现表情，演说者还需要做些什么呢？我们介绍几种方法，以帮助提高演说者的表情感染力。

第一，通过冥想调整心境。一个人的心境决定着一个人生活的方方面面。一个良好的心境可以帮助人消除浮躁，达到身心平衡的境界。冥想有助于演说者理清思路，调整心境。我们认为，表情是心境的体现，所以培养自己的心理修养是演说者的必修课程。

第二，用镜子仔细观察自己的表情。当演说者对着镜子演说的时候，就容易发现自己的优点和不足，从而在正式演说时，避免不足之处，并发扬自己的优点。

第三，到公共场合演说。对自己的表情大致了解和做出相应的心理调整后，演说者需要去某一个公共场合，对着众人进行演说。这样练习的效果十分明显。演说者可以通过观察观众的反应发现自己的不足。

我们相信，经过这些训练，演说者在演说时能够呈现出自己最好的表情，从而对演说效果产生正面促进作用。

运用手势

有一位对手势深有研究的芝加哥大学教授发现,手势和语言是紧密联系的。比如,手势的使用可以让演说者的思维过程更加清晰,从而使演说者的发挥更加上乘。手势可以强调演说的观点,令观众印象深刻。他说,如果演说者刻意不使用手势的话,他反而需要集中更多的精力。所以,灵活地恰当地运用手势也是演说者应该具有的能力。

那么,我们来谈一谈手势。

演说者进行演说的时候主要有四种类型的手势。

第一种是传统手势。例如伸出大拇指这个动作，这类手势习惯上被用来表达某种特定意义。这样的手势是简化了的语言，观众可以很快理解演说者要表达的意思。

按手部动作来说，指式可以表达条例、时间界限、数量等含义，马云就喜欢运用大拇指和食指引导观众。爪式可以表达抓住机会等含义。掌式可以表达做出决定。拳式可以表达有信心、有决心，俞敏洪喜欢使用握拳的手势激励观众。

但是使用这些手势的时候也需要注意，传统手势的含义取决于文化环境，如果台下有国外观众，则需要谨慎运用。

在不同的国家和地域，同一个手势可能会代表不同的意义。

比如在中国，掌心向下的招手动作代表的是叫人过来，而在美国，这个动作是招呼狗的。又比如，在中国，跷大拇指代表对他人的赞美，但在美国和一些欧洲地区这代表搭车。就连小小的"OK"手势也有各种含义，在美国和中国表示好、同意；在法国表示是数字；在日本则是表示钱；在巴西人看来，这个手势很下流。除此之外，如果台下有少数民族观众，演说者也需要谨慎使用手势。

第二种是描述性手势。描述性手势又可以叫模拟手势，演说者通常会通过手的动作来描述某个物体的大小等形态或者某种状态，使观众对这个物体能有进一步的感知。

第三种是指示性手势。这种手势可分为实指和虚指两大类。实指是指演讲者的手势确指在场的人或某事或某方向，且均在观众的视线内。虚指是指演讲者和观众不能看到的。指示手势简单明了，不带感情色彩。

第四种是个人习惯性手势。演说者往往会有个人特色的手势。这种手势一旦被观众适应，就可以形成个人风格。

在运用手势的时候，演说者需要意识到以下三个问题，分别是：

1. 我足够放松吗？如果演说者过于紧张，势必对自然运用手势产生影响。

2. 手势是否运用得灵活、适合。毋庸置疑，频繁使用手势和不会使用手势具有同样的糟糕效果。

3. 手势的运用时机是否适当。一定要在最适合的时机做最合适的手势。

在运用这些肢体语言的时候，我们还需要注意：把握与观众的适当距离。一般情况下，观众与演说者之间隔着讲台、桌子等，这可能成为演说者和观众更好地进行交流的障碍。如果观众与演说者距离比较远，演说者肢体动作的幅度应该更大一些；如果观众与演说者距离比较近，演说者就需要控制自己的肢体动作的幅度。

根据观众数量的多少决定用什么肢体语言，如果观众多，那么演说者的面部表情就可能容易被观众忽视，这时候，就需要尽可能地运用手势。

肢体语言的运用还应该与演说节奏相配合，当演说者的语速变快的时候，肢体语言的运用也应该变快。同理，则相反。

在做肢体动作的时候，以下的几个动作应该避免：

1. 双臂垂在胸前，双手吊着。

2. 背着手。

3. 双手挡在身体的敏感部位。

4. 双手或单手插兜。

5. 双臂交叉抱在胸前。

如果演说者双臂交叉，观众会觉得演说者很紧张，并对其所要传达的信息产生成见。乔布斯从来不会把双臂交叉抱在胸前。

比起人的眼神和表情，手势更加明显，更加突出，所以，如果演说者能够灵活恰当地运用手势表情达意，演说者的现场演说效果必然更佳。

个人形象

一天早上,美国销售员乔·吉拉德,突然从床上跳起来,穿好西装打上领带,给约好的客户打电话。他讲话的时候,好像客户就在他对面一样。通完电话后,他才把衣服、领带脱掉,仍旧回到床上睡觉。他的太太看到后,瞪大眼睛问他:"你是不是发疯了?为什么打一个电话还要'全副武装'?"而他却对太太说:"当我穿得正式的时候,我的内心对客户会非常尊重,对方一定会在电话那边感受到我对他的恭敬,这样会加深客户跟我之间的友情。"乔·吉拉德也被称为世界上最伟大的销售员。

这一则故事告诉我们,服装会对我们产生心理影响,当我们穿着随意的时候，内心就会变得随意；当我们穿着正式的时候，内心也会变得庄重。

众所周知，对于演说者来说，一个得体的个人形象是十分重要的。因为演说舞台并不会给人第二次机会，一次演说一般只有一套装束，当演说者登上演说台的那一刻，观众会对演说者的装束产生第一印象。所以，我们认为，演说者的服装要让观众觉得得体、舒适。

服装是演说礼仪中十分重要的一方面。一般来说，对于大多数的演说场合，演说者的穿戴只要保持干净、大方、整洁就可以了，并不需要过多的修饰。对于演说者来说，传递出自己的思想和观点是主要工作。如果过分修饰，很容易使观众分心。

一般男性很少有这方面的问题，而女性在这方面的问题可能就比较多。对于女性而说，切忌不能浓妆艳抹，而应该表现出自己的端庄大方和优雅干练。

根据大方、整洁的要求，演说时演说者一般会选择正装。正装会为观众呈现出某种专业感，会让观众感觉自己受到尊重。

我们建议演说者在穿着正装时：

身上的色彩不超过三种，很接近的颜色被视为同一种。如果一个人身上颜色太多则给人一种花里胡哨的感觉，容易分散观众的注意力。

对于男性而言，需要注意：

衣服有领子。正装必须是有领的；无领的服装一般指T恤、运动衫一类，这些都不能算是正装。

衣服有纽扣。正装应当是有纽扣的，带拉链的衣服通常不能称为正装。有些看上去比较庄重的夹克，事实上也不能算是正装。

裤子系皮带。长裤必须系皮带。

穿皮鞋。没穿皮鞋绝对算不上正装。最为经典的正装皮鞋是系带式的，不过随着潮流的改变，方便实用的无带皮鞋也是可行的。

对于女性而言，女式正装最常见的就是西服套裙。

需要注意的是，女性穿着正装时，与之搭配的衬衫、内衣、鞋子、袜子等的颜色不能太艳丽。比如内衣的颜色不能过于显眼，鞋子不能选用大红大紫之类的颜色。在正式场合，我们也不建议女士穿凉鞋或者露趾的鞋，如果穿高跟鞋，鞋跟高度3到4厘米最为适宜。

一般来说，演说者不宜穿着过厚，如果过厚，会给观众带来一种过于拘谨、不够大方的印象。

在站姿上，不管是男性还是女性，都需要保持"三点一线"的站姿，也就是后脑勺、臀部、脚后跟保持一线。在演说过程中，演说者的身体应该挺直，手自然下垂。

男性在演说台上，最标准的站姿是双脚张开的距离与肩膀同宽。而女士在站立中，双腿应该保持并拢，以显示女士的端庄。

演说者需要适当地走动。为了不转移观众的注意力，演说者应该选择左右走动，而不是前后走动，而且尽量不要把背影对着观众。

除了正装之外，服装上面我们还有其他的选择。比如TED演说场合的穿衣、互联网公司的企业家的穿衣，都不是清一色的正装。

每年3月举办的TED大会上，会有众多科学、设计、文学、音乐等领域的杰出人物，发表演说，同观众一起分享他们科学技术、社会问题、人文方面的思考和探索。

一般来说，TED会对演说者提出穿着方面的建议。比如不要穿条纹或图案复杂的服装，所选衣服的颜色最好与舞台的灰色背景形成反差，以避免摄像时整个人融入背景之中；不要戴过于明亮的或闪光的珠宝，以免影响光效。

TED会在不同地点举行活动，所以演说者最好穿着与当地穿衣风格相近的衣服。

因此，正装并不是唯一的选择，演说者完全可以穿着舒适的休闲装。而且，演说者可以根据自己的职业和个人风格来选择不同的服饰，以呈现给观众更具有个人创意的视觉效果。

相比于传统企业，互联网企业更加崇尚个性、自由，我们发现互联网公司的大佬们在演说场合的穿衣比较随意。最著名的就是乔布斯的穿着，乔布斯在苹果新品发布会上永远都是上身穿一件黑色半高圆领衫，下穿一条褪色蓝色牛仔裤，脚上一双白色运动鞋。乔布斯这一身与众不同的打扮是建立在他的企业文化上的。苹果公司擅长创新，颠覆传统，所以，他选择这种颠覆传统的穿衣风格，从而与苹果产品相得益彰。

在中国的企业家中，小米公司掌门人雷军模仿过乔布斯独特的穿着，乐视公司掌门人贾跃亭也模仿过。小米公司和乐视公司都是互联网公司，同样具有颠覆传统的特点。

除此之外，马云在演说时偏爱穿着红色、黄色、蓝色、灰色等一系列彩色套头毛衣。史玉柱则总是一身红衣。这是他们各自的穿衣风格。总的来说，这些穿衣风格具有鲜明的特点，对他们的个人形象起到正面的传播作用。

综合来看，我们认为对于演说者来说，正装是最基本也是最保险的着装。如果演说者想要尝试更多风格的着装，则需要从多方面考虑，不管怎样，演说者需要向观众呈现得体的个人形象。

找到最好的声音

2014年11月,美国首届声音艺术奖举行颁奖典礼,著名演员詹姆斯·厄尔·琼斯成为美国第一个因声音出众获得该奖的演员。

我们来看看琼斯的履历,琼斯曾经获得过两次托尼奖,一次奥斯卡最佳男主角提名。但是,最为人所知的还是他的配音,他曾经为《星球大战》系列电影中的"黑武士"配音,还为动画片《狮子王》中的辛巴爸爸,老狮子王"木法沙"配音。

但是,琼斯在他大部分的青少年时光里都极度害怕当众讲话。从害怕讲话到成为卓越的配音大师,这其中的坎坷曲折又是怎样的呢?

琼斯小时候说话口吃,所以常常沉默不语。直到有一天,一个老师发掘出他的声音潜力。那时,琼斯写了一首赞美葡萄的诗。他在自传《声音与沉默》中这样写道:"我牵强附会地仿造朗费罗的韵味表达了对葡萄的喜爱。幸运的是,那首诗没有流传下来。"

琼斯当时对这首诗引以为傲,他的老师就趁着这个机会刺激他在全班同学面前背诵这首诗。这位老师先是怀疑这首诗不是琼斯所作,琼斯当然十分肯定是自己所作。他在自传中写道:"我以我的荣誉担保,剽窃是不道德的事,这首诗字字都是我写的。"

为了证明这首诗是他写的,老师就要求他在全班同学面前背诵这首诗。琼斯写道:"当着全班同学的面背诗是件让人痛苦的事,他们可能会笑话我的诗和我的口吃,但是不公平地被指责为剽窃也让人痛苦……"

于是,琼斯不得不在全班同学面前背诵这首诗,没想到效果竟然不错。他写道:"我站了起来,发着抖。我竭尽全力地把那些诗句从我的心灵深处吐露出来。我张开了嘴——令我吃惊的是,那些词语顺利地流淌出来,字字如此。"

琼斯第一次感受到自己的声音,他喜出望外。这一次面对全班同学公开的讲话使他对自己的声音有了自信。他开始在家乡的邻居面前朗诵莎士比亚的作品。

他写道:"朗读埃德加·艾伦·坡的作品时,我常能经历到最为美妙的时刻。我把学校体育馆的窗帘拉开,举着一只点燃的蜡烛走上舞台,然后朗读艾伦·坡的作品，所有的人都在倾听。"

从这个故事中我们受到这样的启发：演说者的声音是至关重要的。

我们知道，每个人的声音都是独一无二的。有个词叫"字如其人"，我们也可以说"声如其人"。一个人有什么样的声音，就有什么样的修养和气质。一个演说者紧张了，其声带就会受到影响，显得底气不足，说不出完整的句子。而一个成功的演说者的声音必然是有力而松弛的，它清晰、生动，富有感染力。

就像詹姆斯·厄尔·琼斯一样，你要做的就是找到自己的声音，然后练习，做到尽可能完美的程度。

首先，你需要反思一些问题，这些问题如下：

1. 你的声音令你感到愉悦吗？

2. 你的声音令你感到自信吗？

3. 别人经常会让你重复你所说的话吗？

4. 当众讲话的时候，你的声音会变吗？

5. 你觉得你的声音代表你的个性吗？

你会发现，只有在自己自信、乐观、快乐的时候，你最为放松，最能展现魅力的声音才会展示在别人的面前。

这里介绍两种方法可以帮助提高声音的魅力：一种是绕口令法，一种是诗歌朗诵法。

绕口令法是常见的训练方法，它可以帮助演说者练习控制语速和吐字清晰，也可以帮助演说者调节气息。

例如《哥哥弟弟坡前坐》：哥哥弟弟坡前坐，坡上卧着一只鹅，坡下流着一条河，哥哥说，宽宽的河，弟弟说，白白的鹅。鹅要过河，河要渡鹅。不知是鹅过河，还是河渡鹅。

诗歌朗诵法可以使我们的声音变得更加丰富。声音是由许多元素组成的，包括旋律、节奏、音调、节拍等。经常朗诵诗歌，并注意其节奏、旋律、音调等变化，把握诗歌中的情感变化，对加强演说者声音的魅力非常有效。

例如《乡愁》：小时候 / 乡愁是一枚小小的邮票 / 我在这头 / 母亲在那头 / 长大后 / 乡愁是一张窄窄的船票 / 我在这头 / 新娘在那头 / 后来呵 / 乡愁是一方矮矮的坟墓 / 我在外头 / 母亲在里头 / 而现在 / 乡愁是一湾浅浅的海峡 / 我在这头 / 大陆在那头。

除此之外，演说者应该多欣赏一些优美、饱满和富有活力的声音，在空暇的时候，多听听这样的声音。演说者自然会从中受益，并能更好地把握自己的声音。

演说者通过发掘出一个让自己感到愉悦和自信的声音，就能够打造独特的个人风格，令观众印象深刻。

撰写一份精彩的演说稿

演说者在进行一场演说的时候,首先需要一份演说稿子。没有演说稿,演说者就需要即兴演说。而即兴演说并不普遍,所以,人们在演说之前的准备工作就是写稿子,有一些演说者即便没有准备演说稿,但肯定会在心里打好腹稿。

众所周知,一篇精彩的演说稿会给演说者带来极大的自信。每一个演说者的演说稿都是不同的,各具特色,所以,演说稿又是演说者独特性的证明。

不少著名的企业家都有固定的撰稿团队,尤其是大公司,一个大公司的撰稿团队往往担任着为公司的每一位高管策划、撰稿的工作。但对于很多创业者来说，多是由自己亲自撰稿。

演说稿有三个特点：

第一，针对性。演说作为一种社会活动，是针对某一特定人群的宣传形式。它通过思想、情感、案例来打动这一部分观众，为这一部分观众服务。所以，演说者需要讲述这一部分观众关心的问题。

第二，可读性。也就是说，演说者在写稿的时候以易于口语表达作为原则。一篇优秀的演说稿的特点是，演说者可以比较流畅地朗读出来，对于观众来说，听起来比较悦耳与容易理解。所以，演说者在写出稿件后，需要多次阅读，并对不通顺的、难理解的地方进行修改和调整，以达到对演说稿能够朗朗上口的程度。

第三，鼓动性。演说的目的是影响他人，这就需要激发观众情绪，赢得观众的认同。那么，在演说稿上，就要体现出足够吸引人的内容，它可以是某一种创见，也可以是人们十分认同的思想观念。这些内容能够对观众产生鼓动性，进而影响他们。

我们认为，演说者如果把握住这三个特点，就可以写出一份符合演说要求的演说稿了。演说者在熟记这份演说稿后，就可以上台演说，在一定程度上获得观众的回应，并对其产生影响力。

在对演说稿的基本要求了解完之后，对于如何撰写演说稿大概已经有了思路。在大致理清为谁演说、说什么、怎么说等问题后，演说者就可以开始撰写稿件了。

首先是写开头，演说稿的开头，也叫开场白。在整篇演说稿中，这一部分是非常重要的，它意味着演说者能否一下子抓住观众的心理，使观众快速跟上自己的演说节奏。瑞士作家温克勒说："开场白有两项任务，一是建立说者与听者的同感心；二是如字义所释，打开场面，引入正题。"

这里有几个实用的方法：

用一个故事引起观众的兴趣。这个故事必然与你的主题相关，而且能够感染观众的情绪，打动人。由此，你可以自然而然地过渡到正文。有了这层铺垫，观众对后面的内容会更加关注。由于已经调动起他们的情绪，他们也会更加专注，并且更容易理解你的演说内容。

用大家不知道的一件事实或几个数据为观众带来冲击力。很多演说家会在演说的开始说一件简短而有力的事例或几个数据，虽然只是短短的一句话或两句话，但这些事实和数据由于还没有普及，所以观众一开始会感到惊讶，进而被激发起想要深入了解的愿望。

用一个疑问句引发观众思考。通过提问，将观众带进思考情境。

引用一句名言。一句经典的名言可以引起观众的强烈共鸣，从而使演说稿更具魅力。当然，这句名言应该与演说稿的主题是联系紧密的，如果能够达到升华主题的作用则更佳。

除了这些方法之外,演说者也可以选择用开门见山等方式。我们建议,演说者无论采取哪一种开头,都应该与演说稿的整体风格保持一致:如果演说者准备的是一个比较轻松的演说,那么用一个轻松的故事和一个有趣的提问可以调动人的情绪;如果演说的基调比较严肃,那么演说者用一个事例或几个数据做开头更能引起观众的共鸣。

其次,撰写演说稿需要注意层次、节奏以及前后衔接等问题。

演说稿的主体部分应该层次分明。如果当演说结束后,观众还能够轻松地回忆起演说内容,这便是演说稿层次分明的效果。为此,演说者在撰写演说稿时可以在连接词上动脑筋,比如使用首先、其次、再次、最后等连接词,或者用第一点、第二点、第三点等划分段落。

演说稿应该富有节奏。为了调动观众的情绪,演说稿不应该平铺直叙、波澜不惊,它应该表现出适当的节奏感,使观众感受到演说的张弛起伏的魅力。我们发现,丰富的演说稿内容,重复强调的关键词,插入的诗文、逸事会使演说的节奏感更加突出。除此之外,演说稿的节奏感还与演说者的语气变化、对词语的重读和轻读、句子之间的停顿等关系密切。

演说稿的每一个段落、每一句话都应该自然衔接,达到浑然一体的效果。比如,在文章过渡处,可以使上下文呈现递进的关系,而不是显得松散。

最后说到结尾，演说稿的结尾不宜拖沓，应该简洁。美国作家约翰·沃尔夫说："演讲最好在观众的兴趣达到最高点时果断收尾，戛然而止。"这是处理演说稿结尾最好的方法。

当然，一份精彩的演讲稿的诞生是离不开集思广益的。

软银掌门人孙正义的"白板"思想十分实用。孙正义本人精通电脑操作，但他并不在电脑上准备演说材料。让人颇感意外的是，孙正义几乎所有的演讲稿都是在一块白板上整理出来的。

孙正义会和员工一起讨论演说稿的具体内容。一般是这样开始的：先由孙正义在他办公室的白板前宣布："现在开始做软银某一服务说明的演讲准备。"然后孙正义就开始构思演示文稿，他一想到什么就会在白板上记下，有时候他会画一些画。如果他腾不出手的话，相关人员会把他的口述写到白板上。与他一起参与讨论的是软银的经营战略专员。这些经营战略专员都是公司内有一定实战经验的30多岁的员工，并不乏高学历的员工。他们充当的角色就是观众，其任务是不断地向孙正义提出质疑与意见，而孙正义再给予反驳与修正。孙正义还经常通过视频会议召集遍布全球各地的软银员工，使他们也有机会参与到讨论中来。

假如他们的讨论没有结果，那么就会有一个简易的投票，将讨论中产生的多种方案写到白板上，由参与者进行投票。如果讨论主题是面向女性的商品和服务，孙正义就会召集女性员工参加会议，进行投票。讨论或投票结束后，白板上的所有信息都会被整理和打印出来，并由经营战略专员制作演示稿。

孙正义喜欢运用白板这种工具的目的就是便于汲取公司其他员工的智慧。与纸张相比，白板可以利用的空间更大，可以更加快速地更新内容，删减内容也更加方便。与电脑相比，白板可以供多人使用，更加直观，并有助于提高众人参与讨论的效率。孙正义还时常要求经营战略专员在白板上写字时写得更小一些，使一张白板可以容纳更多的信息。白板上的内容也经常需要打印下来，以备用来制作幻灯片。而且，孙正义对白板笔还有严格的要求，即必须随时有那种能够写出清晰字迹的新笔做备用。

孙正义习惯并擅长运用白板，其实体现的是孙正义在进行演说前集思广益的思想。

除了这些之外，要写好一份演说稿的核心在于中心思想。一篇演说稿只能有一个中心思想，而不是多个。

如今，很多演说者会用到PPT。PPT可以为观众提供丰富的内容，包括图片、表格、饼状图等。那么，在撰写演说稿时，演说者就需要考虑到PPT的因素，将演说稿内容与PPT结合起来，为观众带来更丰富的视觉体验。

这里有几个注意点，可供参考：

1. 演说者需要考虑观众从不同的位置观看PPT的不同体验，因为有的观众由于其所在位置可能看不清PPT的展示内容，演说者在了解情况后可以做出相应的调整。

2. 不要把大量文本放到PPT上，PPT应该用来以呈现图片、表格或演说稿的关键词为主。

3. PPT应该简洁。比如在白色底图上面放一张图片或者一个词语。

4. PPT应该起辅助作用。PPT难以影响人，能够影响人的是演说者的语言表达。PPT只是一个框架，提示演说者和观众应该围绕哪一方面进行演说或思考。所以，演说者需要让观众跟着演说的节奏，而不是跟着PPT的展示节奏。

最后，著名演说培训专家卡迈恩·加洛总结出的五个步骤可以帮助演说者记住演讲稿：

1. 用完整的句子写下，但是，表达一个观点时尽量不要超过四五个句子。

2. 把每一句话的关键词用下划线或不同颜色的笔标示出来，然后开始练习演讲。别担心说错或忘词，把整个讲稿练习几遍。可以通过扫视关键词来记忆。

3. 把多余的文字从讲稿中删除，只留下关键词。再来练习演讲，凭借关键词来记忆。

4. 记住每张幻灯片的唯一主题。问自己："从这张幻灯片上我想要记住的唯一一点是什么？"幻灯片上的图片应该能够对这个主题做充分说明，让图片成为提词器。

5. 不借助笔记，练习整场演说，只用幻灯片作为提示。当你完成这五个步骤后，你还需要再完整排练四次。

第四章

一切互联

研究观众

吸引注意力

获得回应

建立对话

建立信任感

研究观众

当演说者需要与观众建立联系的时候,演说者必须要对观众有一个了解。演说者必须了解观众是谁,对观众了解越多,演说者就越能够把握观众的情绪和兴趣,演说者的演说就越能够产生影响力。

首先,我们应该知道从哪些角度分析观众:

第一,从"观众需求"角度分析观众。演说者的演说内容应该以满足观众的需求为标准,而不是以自我为中心,这一点要特别注意。在移动互联网时代,用户需求成为企业要取得成功的关键因素。同样,"观众需求"也应该摆在我们所有准备工作的最前面。演说者需要从宽泛的主题中挖掘观众最感兴趣的东西，也就是抓到观众的痛点。

第二，从专业素质角度分析观众。毋庸置疑，观众的学历、专业和文化水平都影响演说者的决策和计划。简单地理解，如果观众的专业素质水平高，演说者就要准备更专业、更有深度的资料；如果观众的专业水平素质不高，演说者就要考虑用更简单、直观的表现方法。一般来说，演说者要重视大多数人的专业素质，而不是少数人的专业素质。

第三，从人生经历的角度分析观众。人生经历决定着一个人接受信息的范围和接受信息的能力。如果观众的人生经验丰富，那么，演说者就可以找到更多的和他们生活经历相近的内容或案例；如果观众是没有什么人生经验的人，演说者就需要找到更符合他们人生阶段的特点的演说材料。

第四，从工作经验的角度分析观众。一般来说，工作经验丰富的人比较沉稳，不会轻易被演说者带动；工作经验比较少的人一般比较纯真，容易受演说者的情绪感染。而且，面对掌握演说背景信息的观众，演说者可以快速进入演说主题；面对没有掌握演说背景信息的观众，演说者则要花较多的时间先做背景介绍，再切入演说主题。

第五，从地域的角度分析观众。不同地域的人，有不同的语言习惯、性格和思想。拿深圳来说，居住在这里的人的地域成分就很复杂。据统计，在小小的深圳就聚齐了中国的56个民族，所以，深圳人的思想是比较活泼、开放的。如果演说者到深圳演说的话，就需要了解深圳人的需求和痛点等。再拿北京来说，北京虽然也是一个有着大量外来人口的城市，但总归来说这里文化沉淀较厚，因此，北京人更为传统。再比如说江浙地区的人就比较内敛温和。总之，演说者应该根据不同地域，选择不同的演说内容和演说风格以及尺度。

第六，从性别角度分析观众。这就涉及对女性和男性的特点的分析了。一般来说，男性更加粗线条，女性更加细心；男性更加活跃，女性更加认真。演说者可以通过对观众的性别状况的分析，相应调整自己的演说内容，同时相应调整自己的穿衣风格以及语言风格。

第七，从观众的群组情况的角度分析观众。如果观众是由一个个团体组成的，那么，演说者需要考虑这些团体的相互关系。同时，演说应该考虑到这些团体的价值观、思想的不同。通过对观众的群组状况的分析，演说者可以较快地掌握观众的整体思想状况。

第八，从观众与会态度的角度分析观众。事实上，现在的很多会议，观众的参加意愿都不强烈，有的甚至是被迫参加的。那么，通过对观众与会态度的分析，演说者可以了解观众的需求。面对不同的情况，演说者应该采取不同的应对措施。

我们认为，对于参与兴趣高的观众，演说者可以直奔主题，不必花太多时间以激发观众的兴趣；对于参与兴趣低的观众，演说者则需要使用对话、恳谈等方法，让观众参与讨论，以激发他们的参与兴趣。

在完成这些分析后，演说者就对观众形成一个基本的了解了。在这个基础上，演说者才可以在演说内容和演说计划中做出相应的调整，以适应更多观众的需求，避免进行盲目的演说。

除此之外，在演说过程中，演说者还需要有意识地引导观众。

通过进一步分析，观众还可以被分为主要观众、次要观众、个体观众、群组观众、决策观众。在演说过程中，演说者需要与主要观众、群组观众产生更加紧密的联系。影响主要观众和群组观众，因为他们具有决定全局的作用。同时，演说者也需要时刻把握决策观众的情绪变化，因为他们对观众的影响很大，具有影响全局的作用。除此之外，演说者还需要满足次要观众和个体观众的基本需求。

通过进一步分析，观众又可以分为积极的观众、中立的观众、敌意的观众。对于积极参与演说的观众，演说者需要给予适当的鼓励，使他们能够参与到演说过程中，满足他们的需求；对于中立的观众，演说者可以用客观理性的内容取得他们的认同；对于有敌意的观众，由于这些观众不会积极地支持演说者，甚至对演说者有成见，那么，演说者可以通过细致的讲解使他们变成中立的观众，也可以通过取得积极和中立的观众的支持，降低这部分观众所产生的不利影响。

我们认为,演说不仅仅是为了传达内容,更重要的是为了影响观众,而对观众进行透彻的分析可以使演说者的演说更加吸引人,也意味着演说者可以更加深刻地影响观众。

吸引注意力

如何吸引观众的注意力，并使观众的注意力持续地聚焦在你的身上，这是演说者面临的一个难题。我们知道，当我们认真专注于某一件事情的时候，我们会发现自己对这件事的理解也变得更加深入。那么，当观众的注意力在你的身上停留越久，他们也就越能够认识你、理解你所说的话，甚至感知你的精神品质。那么，如何使一场演说变得成功？答案是：演说者必须提高演说的吸引力，以提升观众的注意力。

我们总结了以下的小方法：

用趣味性的话题做开头。这一趣味性的话题可以是一个故事，也可以是一段精彩的、有趣的名人言论。它容易让观众进入听讲状态，并把注意力聚焦在演说者身上。

用具体的、观众熟悉的日常语言来表情达意。演说者应该多使用人们日常熟悉的话语，谨慎地运用抽象的概念或名称，这更容易吸引观众，并使得观众愿意深入了解。这时，观众的思路就会追随着演说者的思路。

用与观众联系紧密的话题或事件拉近与观众的距离。你可以尝试说一件近期发生的与观众们息息相关的事情，或者说一个最近大家都在谈论的话题，或者直接提到观众中的某个人或某几个人。比如，一个名人来到某一所大学参加演说，对他来说，最好的演说话题就是与这所大学相关联的话题。

用新奇、戏剧性的事件或情节吸引观众。人类的一个特点，就是好奇心很强。所以，这一招可以很快见效。看书读报的时候，我们都很痛恨"标题党"，但是用新奇和戏剧性的标题确实更能够吸引人。

用充满悬念的故事或话语抓住观众的心。充满悬念的故事带给观众的最大影响在于观众对故事结尾充满了难以遏制的期待，从而观众会聚精会神地听演说者的每一句话，生怕听漏了一句。

用冲突性的问题带动观众思考。人的思想中总是有其矛盾和冲突的地方。演说者抛出了冲突性的问题后，容易让观众产生疑惑的情绪，这会引导观众进行思考。当一个人思考的时候，他的注意力就会无比集中，他对演说者的演说就会变得更加重视。

比如，有人的演说话题是吸烟。他说道："关于抽烟，我想了很久，为什么吸烟的害处那么多，而人们还是要吸呢？"

用幽默性的话语营造轻松的演说氛围。幽默是演说的关键。幽默会让观众放松，也能够使观众的注意力更加集中。这个时候，观众会倾向于更加信任演说者，并被演说者的魅力所吸引。

民国著名学者胡适在一次演说时这样开头："我今天不是来向诸君做报告的，我是来'胡说'的，因为我姓胡。"话音刚落，台下观众大笑。

当演说者使用幽默来达到效果的时候，也需要注意要将幽默与演说的内容紧密结合，这样才不会让人感觉到突兀。

用重要性内容来锁定观众。如果演说者的演说内容使观众产生想要了解的兴趣，那么，观众的注意力就会特别集中。

我国演说艺术界泰斗李燕杰在《爱情与美》的演说中开头说道："我不是研究爱情的，为什么会想到要讲这么一个题目呢？"接着，他说了一个故事：北京一家公司邀请他去演说，并掏出了几张纸，上面列着公司所属工厂里的一批自杀者的名单，其中大部分都是因为恋爱问题处理失当才走上绝路的。然后，他很自然地说道："所以，我觉得有必要与大家谈谈这方面的问题。"

李燕杰用一个小故事强调了演说内容的重要性，一下子抓住了观众的注意力。

詹瑞·怀斯曼在《演讲的艺术》中提到了几个方法可以起到暖场作用，可供参考：

第一，在现场找一些人聊聊天，无论是认识的还是不认识的人，都可以跟他们聊一聊。聊完之后，你会收集到重要的信息，这些信息完全可以运用在演讲中，以拉近与观众的距离；

第二，演讲前就收集你认为的重要观众的信息，在演讲时恰当地提及，拉近你与重要观众的距离；

第三，向观众问一些问题，征求他们的意见，问题尽量轻松一点；

第四，在演讲当天，通过网络、朋友圈等渠道收集与演讲主题或观众有关的新闻或消息，在演讲时提到，增加观众的兴趣；

第五，在第一张幻灯片中注明演讲的地点、时间，以及主办方或活动的标志，起到强调演说开始的作用。

获得回应

对于演说者来说,获得观众的回应是其演说迈向成功的标志之一。观众的回应是对演说者演绎的反馈,这意味着观众已经被演说者带进演说的氛围中。

回应的方式可以是口头回应,表示赞同、反对、疑问等。当然,回应的方式也包括微笑,或者"啊"、"嗯"等语气词,又或者是一个手势等。

这些回应对演说者十分重要,除了受到鼓励,还可以使演说者能够顺势地调整演说的节奏、内容,以达到和观众互动的目的。对于一个演说新手来说,观众的回应可以促使他产生更多的思路,避免出现大脑空白的尴尬情况。

在日常生活中,我们与他人的语言交流相对来说是流畅的,但到了演讲台上，就比较难，根本原因就在于过度的紧张让演说者失去了思考的能力。

在我们的日常交流中，如果你想要得到别人的回应，一定会自然而然地用到以下这些方法，这些方法在演说中也同样有效。

1. 直接向观众提出一个问题。在日常生活中，当我们对身边的人提出问题的时候，他们一般都会很快地回应。而在演讲台上，尽管你和演讲台下的观众可能不熟悉，甚至是陌生的，但是你依然可以使用这一办法。在这里，可以运用一个小窍门，那就是具体地向某一个观众或者某几个观众提问。这也是电视节目中主持人与观众互动的方法。

2. 转述一件惊人的事情。我们在跟人说起一件最近发生的惊人的事情的时候，往往会得到对方的快速回应。比如，某一个股民路遇另一个股民时说到股市大跌，另一个股民肯定会快速回应。某种程度上，一件灾难性的或一件普天同庆的事情（比如奥运会）能够轻易地搭建起陌生人之间的沟通桥梁。所以，在演说过程中，说一件与演说相关的爆炸性新闻或事件可以很快得到观众的回应。

3. 描述一个与观众共同的经历。这个方法和转述一件惊人的事情类似。不过，这个共同经历可以是更加贴近我们的生活的，它可以是某一次购物体验、产品体验，也可以是某一生活经验。对于演说者来说，找到这样的共同经历就能很快地与观众建立友好的关系，令观众打开心扉，与演说者产生互动。

4. 发布最新的消息。演说者发布最新的消息,能够很快地使观众产生兴趣,并乐于表达自己的情绪和意见。比如,当某公司老总宣布公司的某个重要决定的时候,或者宣布某一新品定价的时候,观众想表达的意愿就会异常强烈。

5. 促使你的观众动起来。在日常生活中,如果你的说话对象不搭理你的话,你可以举起手招呼他。从生活经验中,我们知道当我们的肢体动作丰富的时候,说话的欲望就会强烈。同样,当演说者想法儿使观众动起来的时候,观众的回应欲望就会变强。比如,在有的演说场合,演说者会让观众举起手、摇摇头、闭上眼。

6. 说一个笑话带动观众的情绪。这是一个非常古老但效果明显的方法,面对陌生人时十分见效,能够使他们消除对你的戒备,令你的形象更加亲和。当然,要讲一个合适的笑话并不容易。所以,演说者并不需要刻意地去寻找,更多的时候,应该利用自己的幽默感,而不是矫揉造作。在我们的日常生活中,一个能够引起朋友们热烈响应的笑话往往来自偶然的灵感。

7. 利用道具来引起观众的注意。在我们的日常交流中,你可以用一件新东西来吸引朋友们的注意。同样,在舞台上,道具也可以起到明显的作用。它可以是你手里拿着的东西,也可以是另外一个人。当观众对演说者产生厌烦情绪的时候,通过展示道具,可以重新获得观众的注意力,促使观众重新产生回应的意愿。

8. 用一连串的问题使观众快速进入思考状态。以上提到的多种方法，其产生的效果就是让观众跟着演说者的思路走。提问的方法也可以达到这样的效果。演说者抛出一连串的问题后，让观众尽可能地去尝试解答这些问题，如果解答不了，他们的思路就会被演说者引领。在这个过程中，观众甚至会不由自主地发出回应，比如说"什么？"、"为什么呀？"不过，需要注意的是，不要一下子就把过多的信息抛给观众。

《演讲的艺术》一书的作者詹瑞·怀斯曼认为，大部分演说者都会犯一个致命的错误，那就是习惯将过多的信息抛给观众。其次，大部分演说者所讲的内容也常常令观众难以理解。最后，大部分演说者往往会自作聪明地将演说的内容或观点反复解释，但这往往会造成观众的反感。所以，他提倡演说者应向观众提供简单直观的演说内容，并假定观众能够听懂。

建立对话

当演说者得到观众的回应后，需要想尽一切办法维持这种回应，使之常态化，并不断加强这种回应的深度和广度。只有如此，才能真正地建立起演说者与观众的对话。这是演说之所以是演说的根本特征。

在某种程度上，演说者使观众产生回应并不困难。但是，观众在回应之后依然会走神或者对演说者失去兴趣。如果演说者单纯地把观众的回应当成目的，认为这就可以一劳永逸的话，演说者最终还是会失去观众的关注。

那么，演说者应该怎样建立与观众的对话呢？我们上文提到的方法还是可以继续使用，它们的目的在于不断地激发观众的回应。

我们接下来列举另外一些方法：

向观众认真地提问题。前面我们说到用提问的方式引起观众的回应，我们所问的问题也许并不严肃，它或许是一个简单的问候，或许是一个非常简单的问题。总而言之，它与演说者要讲的主题没有什么关系。但是，在这一阶段，演说者就应该慎重地考虑如何向观众发问了。如此一来，观众与演说者就能产生相对严肃的对话。这时候，观众与演说者就处于一种平等的位置上，从而不再呈现出单向的"灌输与被灌输"的局面，而是一种平等对话的局面，这样演说者的演说就变得更有深度。

例如，在 1980 年的一次也是唯一一次的总统竞选辩论中，罗纳德·里根对于期望连任的吉米·卡特做出激烈回应，他对美国人提出一个严肃的问题："你们比四年前过得更好吗？"八天后，里根凭借这句让所有美国人深思的话赢得了总统之位。

自问自答。有的时候，我们也可以用自问自答的方法来建立与观众的心理沟通。当演说者成功地吸引到观众的注意力和收获观众的回应后，观众会把视线的焦点放在演说者身上，这时候就更加考验演说者的语言表达能力和逻辑思维能力了。而演说者在这样的前提下，可以通过自问自答的方式更加自信地表达自己的观点，以说服观众，使自己的观点在观众心里变得更加可信。

用一个故事与观众展开讨论。一个幽默或感人的故事可以使演说者与观众之间迅速建立情感联系。但是如果仅仅止步于此，那么这种关系并不牢靠。这个故事应该起到更大的作用。它是一个引子，令演说者与观众建立讨论的空间。它不仅仅可以让观众感到有趣，更应该让观众有所反思。

通过模仿引导观众进行想象。戏剧化的表达总是能够让观众产生想象。我们喜欢看小品和相声，是因为其中的模仿成分多，能够让观众哈哈大笑。在演说过程中，用模仿这一招同样有很好的效果。当演说者绘声绘色、手舞足蹈地描述一件事时，观众的情绪会很容易地被调动起来，并持续一段时间，这起到保持演说者和观众之间对话交流的作用。

通过PPT的演示延伸对话。当演说者与观众对话之后，观众的注意力聚焦在演说者所说的一字一句中。如果语言无法很好地表达演说者的观点和思想，或者是语言不足以表达演说者的观点和思想，那么，通过PPT等工具可以解决这一问题。如果观众在听到演说者的话的同时通过PPT演示辅助理解这些话，就可以更好地与演说者进行交流。PPT所呈现的丰富的视觉效果也会吸引观众。

下达具体的指令。演说者在演说的现场无疑是主导者，如果主导者无法呈现给观众主导者的权威感和掌控能力，那么观众就容易游离于演说现场之外。所以，演说者应该做一些事情影响到观众。演说者可以建议观众记下自己要说的重要内容，也可以建议观众打开手机下一个手机APP，又或者建议观众搜索某一信息。通过具体的指令，演说者能够加强与观众的联系，进行更加具体的对话。

发放资料促进同步对话。演说者为了能够与观众在同一话题、同一思想背景进行对话，可以通过向观众发放经过编辑的资料实现这一目的。当然，这需要考虑时机问题。在讨论到某一个问题的时候，演说者才把资料分发给观众是最恰当的，否则这些资料会让观众无法专心听讲。

建立微信群，收集更多反馈。通过建立微信群等方法，演说者可以在后台接收观众各种各样的问题和建议，这显然是演说现场难以达到的。演说现场需要演说者和观众产生更多的互动，但基本的程序和规范只允许少数人发表自己的深度意见。而通过临时建立微信群，则可能使演说者掌握观众更多深度的反馈信息，这也将有助于演说者与观众建立深度的对话。

适当的停顿。我们往往没有将停顿这一行为纳入到演说计划之中。在演说中，我们有时间的限制，必须在一定时间内将演说内容灌输给观众，这会让我们很慌忙。所以，演说者需要在事先考虑到这一问题，确定在哪一个时间点应该停顿，然后把时间留给观众，与观众进行互动。

除了这些方法之外，演说者还需要经常观察观众的情绪，以更适合、恰当的方式与观众进行对话。

建立与观众的对话是吸引观众的注意力和获得观众的回应这两个阶段

的深化，而且是深度深化。从生活经验中，我们也可以知道，和别人建立对话关系就是这样一步步达到的，演说者与观众之间建立对话关系也是这样的。

建立信任感

在与观众成功对话之后，演说者必将与观众建立信任关系，只有信任才能真正地连接演说者和观众，只有信任才能使演说的氛围和效果达到最佳水平。

一般来说，演说者有两种方式赢得观众的信任。

1. 通过演说造成的巨大影响力来赢得观众的信任，这方面有马云、任正非等例子。任正非的演说并不多，但是他却留下了不少经久不衰的演说。

2. 通过大量的演说赢得观众的信任。很多演说高手就是这样做到的，他们在观众的眼里是专业的演说者。尽管他们的演说内容可能缺乏某种深度，但他们的演说技巧却使其演说具有直接的感染力和鼓动力。

当然，也并非只有这两种方式。有的演说新手能够通过自己表现出来的诚实可信令观众产生信任感。尽管这种信任并不是那么牢靠，还有相当大的提升空间，但是这种信任还是能够为演说者带来现实的利益。例如，有的演说新手是初创公司的企业家，他们因此拿到了融资。

对于很多演说新手来说，观众并不熟悉他们，所以相互之间并没有什么信任感之说。但是，演说新手可以通过对一些技巧的把握获得观众的信任。

在不同的演说场合，演说者与观众建立信任感的方法也是不同的，具体问题应该具体分析。

就拿一次融资演说来说。公司的老总在准备这份演讲的时候，可能很紧张，尤其是对于很多创业者来说，往往会产生焦虑情绪，担心不能得到投资人的信任。那么，演说者应该怎么做呢？

演说者可以说一个创业故事，给投资人描绘公司的前景，让投资人清楚知道公司的状态。演说内容不需要演说者过于创新。但是，该怎样去演说这些内容，该突出什么，该注意什么，决定着演说者能否获得投资人的信任。以下的方法可以帮助演说者更快地建立与投资人之间的信任关系。

演说者应该说出自己的远大理想。演说者一般会说到公司的愿景和梦想，但不少人会有所克制，担心把公司的梦想说得太大会遭到投资人的嘲笑。但事实上，投资人见多识广，他们自然可以很容易地评估你的梦想是否符合现实，让投资人看到你的朝气蓬勃和长远目标会为你的演说加分。所以，勇敢地说出自己的远大理想吧。

乔·吉拉德曾经说过要让妻子住上大豪宅，那是在他没有成为世界上最伟大的销售员的时候，那时他的人生非常失败。他的妻子之所以能够一直留在他的身边，无疑是受到了他的梦想的鼓舞。

乔布斯在进行产品发布会演说时有一个特点，那就是他习惯并擅长运用大量的形容词，以增强语言表达的情感以及说服力。比如，乔布斯非常喜欢用"非凡"、"杰出"、"伟大"等词汇。这充分显示了乔布斯富有激情。演说者在演说过程中多使用肯定语气的词语会潜移默化地提高人们的乐观情绪。

详细地说明你将如何使用这笔资金。有很多演说者就失败在对这个问题的忽视上，他们轻易地用一两句话回答这个问题，或者用未加仔细考虑过的"即兴思考"来回答这个问题。这显然很难得到投资人的信任。所以，演说者应该有详细的财务模型，为投资人呈现未来两年的收入增长情况以及预期收入情况。良好的财务模型可以增强投资人的信任感。

对公司业务的各项指标谙熟于心。这是一个简单的方法，可以让投资人很快对你产生信任感。通过对公司的现状和未来预期的了解，投资人可以更深入地分析公司，这意味他们对演说者的公司的掌控能力变得更强。

演说内容简单明了。毋庸置疑，演说者向投资人呈现简单明了的PPT可以让投资人觉得演说者的思路清晰，从而增加对演说者的信任。

展现团队的活力。事实上，有不少权威的投资人对于演说者提供的商业项目并不十分感兴趣，他们或许是对演说者的团队感兴趣。一家企业能否成功，最关键的也许不是其商业模式和资本，而是富有活力的团队。所以，演说者需要将自己的团队展示给投资人，并自信地说明团队的优势之处，以及坦诚地说明团队目前的不足。

提及公司危机时刻的应对措施及其效果。老话说，只有在危险的时候才能真正地识别一个人是否强大。所以，演说者如果能够向投资人提供这方面的成功故事，必然能够很快地博得投资人的信任。

公司业绩是不会说谎的。在很多投资人的心里，都会有这样的认识。他们见过太多夸夸其谈的融资者，因此吃过很多亏。所以，良好的公司业绩更容易让他们产生信任感。当然，有的演说者未必能够提供一张漂亮的业绩表。但是，不管公司是否盈利以及盈利水平如何，演说者都应该向投资人提供业绩资料。如果业绩不好，投资人也看到了演说者的诚实；如果业绩好，投资人会对演说者产生信任感。

事实上，在演说中要获得观众的信任感，关键就在于信任观众，想观众之所想，为观众提供更好的服务和体验。

1933年，美国正在经历着一场严重的经济危机，民众的基本温饱也难以保证。罗斯福在其总统就职演说中说了一句话，"我们唯一值得恐惧的就是恐惧本身"，这句话真是想他人之所想。大多数的美国人是默念着这句话才入睡的。

当我们学会越来越多的演说技巧后，我们必须回归本心，才能更上一层楼。迈出这一步的核心在于认识到观众与演说者之间并不是对立的。演说者站在台上并非比观众要高大，演说者只是在自我展示，并向观众提供服务。观众对演说者的演说也并不苛求，观众只是在获取一些对自己有用的信息或者欣赏一场秀。不少人因为错误地认识观众和演说者的关系而遭到了失败。

当我们认识到这一点，也许将更冷静、客观地看待台上的演说者和台下的观众的关系。当我们明确了演说者与观众的区别之后，演说者也将更容易地为观众提供更好的演说。由此，演说者和观众之间信任的桥梁也就会变得更容易建立。

第五章

成功演说的六个维度

找到属于自己的故事

变成会讲故事的人

发挥你的创造力

直面对话危机

满足你的听众

展示自己的独特性

进入自然的状态

少即是多

找到属于自己的故事

如今，讲述一个打动人的故事成为很多创业者的演说法宝。一个精彩感人的故事可以很快地吸引投资人投资你的公司，吸引消费者购买你的产品。利用故事来推广、营销是时下流行的趋势。在上文中，我们也多次提到故事在演说的各个环节中的作用。

那么，有哪些类型的故事呢？一般来说，可以是讲品牌的故事，也可以是讲社交媒体上用户的体验故事，或者是有教育意义的故事。通过这些故事，演说者可以解释复杂的概念，进而更好地展示产品的魅力。

总的来说，基于故事的特点以及可能所起的作用，我们大概可以把故事分为六种类型，分别为表达个性的故事、表达演说原因的故事、教导型故事、愿望型故事、行动型故事、理解型故事。每一种类型，我都会尽量举一个当代著名企业家演说时提到的故事作为例子。

第一，表达个性的故事。这非常容易理解。一般来说，演说者会提到有关自己在生活中、工作中等方面的一些事情。通过这些事情，观众可以知道演说者过着怎样的生活，以及具有怎样的性格特点。在一个有着很多陌生人的演说现场，一个动人的表达自我的故事可以很快拉近演说者与观众的距离，使演说者富有亲和力。

比如王健林在台湾大学演说时提到他的故事：

我15岁就当兵了，从军17年，做到团职干部，遇上中国百万大裁军，就转业到地方政府，当了两年办公室主任。这两段人生都还算成功：我做到团级职务时，不到30岁，很年轻；到地方做官员，进步很快，很快做到办公室主任，但我在1988年断然辞官经商。具体有两个原因：

1. 赶上经商热。1988年到1995年，很多人辞去原有职务，"下海"了。当时国家出台优惠政策，鼓励大家经商，创造商品社会。很多人胆子大，跨出这一步。联想集团的董事长柳传志先生，当时是中国科学院的研究员，他也下海了。我是正处级干部，30来岁，算是成功了，但也下海去了。马云先生当时是大学讲师，也下海了。所以，如果没有当时的经商热潮，中国今天不会有这么一批优秀的企业家。

2.改善个人的生活。当时有一句口号叫"争当万元户",有一万块人民币就是富裕的标志了。我就觉得,别人能当万元户,我凭能力应该不止是个万元户。

第二,表达演说原因的故事。也就是向观众表述自己为什么来到这儿演说的故事,这会使观众迅速明白演说者的演说目的。演说者自曝自己的演说目的,就向观众传递了友好、真诚的态度。

通过这样的表述,观众可以知道自己将从演说中获得什么,从而调整好自己的状态。

第三,教导型故事。这也容易理解。潘石屹在一次内部演说中讲了这个故事:

1999年,我去了一趟美国,从西海岸转到了东海岸,受到许多朋友的款待,当时大家说得最多的事情就是互联网。现在十多年过去了,互联网的确彻底地改变了我们这个世界,从生活、经济、教育到政治,无一例外。后来,我又去了一趟美国,发现人们都在谈论机器。我把它理解为无线互联技术的升级。

通过这个故事,观众马上感知到互联网对我们的巨大影响,如果潘石屹用的是一大堆数据和资料,显然会妨碍观众的理解。

事实上,我们都知道一个教导型的故事,尤其是那些教导人从善、上进的故事通常能够很快引起人的共鸣,促进人的进步。而如果演说者没有讲到具体的故事,而是大而化之地说一些概念之类的东西,观众的兴趣和受感触的程度显然会减少很多。

第四,愿望型故事。愿望型故事是指演说者为观众描绘一种未来的可能性。比如,任正非讲过一个故事:

把青蛙突然扔进开水里,沸水令青蛙的神经系统受到强烈刺激,青蛙在条件反射的作用下迅速跳出去。但是若把青蛙放在凉水里,让水温慢慢上升,青蛙便浑然不觉危险的存在,怡然自得地游来游去,等到它感到热的时候,已经无力动弹,唯有坐以待毙。

这个温水煮青蛙的故事道出了从量变到质变的原理,说明突如其来的大敌当前往往让人做出意想不到的防御行为,然而处于安逸满意的环境中往往会松懈,以致最后死了都还不知何故。

最后任正非总结出"历史给予华为机会,我们要防微杜渐,居安思危,才能长治久安。如果我们为当前的繁荣、发展所迷惑,看不见各种潜伏着的危机,我们就会像在温水中不知大难将至的青蛙一样,最后在水深火热中魂归九天"。

第五,行动型故事。行动型故事是指演说者通过自己的亲身经历或者他人的故事向观众传达一种理念。

王石在2014年亚布力中国企业家论坛夏季高峰会上讲过这样一个故事：

1999年，我辞去了总经理的职务，到现在还是董事长。很多人就担心，说万一市场不好了，万一发生巨变了，你还会不会再重新上马？我说我不会。中间是有几次危机的，但是我都没有再回去当总经理。

2005年，曲向东组织了戈壁挑战赛，就是到戈壁去走，有一个主题就是放下，其中有一个演示，父老乡亲们可以回去试一下：一根竹竿，8个人，大家一块把这个竹竿放下来，如果你提前放下来了，就被淘汰了，这个比赛是非常有意思的。

连续三次，这个竹竿不仅没有放下来，反而被抬上去了。因为高度不一样，结果这个竹竿就落下来了。我们试了第二次、第三次，都是同样的问题，不信你回去试。

最后，王石总结说："作为企业家来讲，就是规模战略，结果就是这样。要放下是不容易的，这个话题我就不展开了。大家说有什么不容易呢？一个人、一个企业一定是有生命周期的，大家讲百年老店，现在万科正在做第四个十年规划，不要说百年了，第四个十年能不能过去我们都不太清楚，做了8个月的规划还没有出来。"

第六，理解型故事。俞敏洪在同济大学演讲的时候说过一个这样的故事：

"一次有个大学生告诉我,俞老师,我要创业,不上大学了。我说为什么,他说要向比尔·盖茨学习。我说世界上有几个比尔·盖茨,不就一个嘛,他说没关系,他可以成为第二个。我说,那你为什么不上大学了呢?他说,我考试不及格,上不下去了。这还是没法跟比尔·盖茨比的,人家是觉得自己的知识已经远远超过了老师,觉得上大学已经是时间的浪费,要把自己的创造力及时地发挥出来,所以钻到自己的汽车库里研究微软去了。这是两种完全不一样的概念。"

俞敏洪用这个故事讲述了一个很简单的道理,那就是读书是有用的。通过这样的故事,观众很容易理解俞敏洪要表达的含义。

通过讲一个故事,给观众以启发或者由此总结出某个道理分享给观众,这就是演说者的重要的成功之道。每位演说者都需要找到合适的故事,通过讲述这样的故事,就可以更轻松、高效地向观众传达自己的理念。

变成会讲故事的人

当你找到了这样一个故事,你还需要知道怎样讲这个故事。讲故事的目的是让观众有反应,让观众产生兴趣,所以对于演说者来说,还要成为一个会讲故事的人。

第一,演说者在台上讲故事的时候要为观众提供一种丰富的体验。这种体验涉及我们的五种感官——嗅觉、味觉、听觉、触觉、视觉。通过充分地调动观众的感觉,使他们被故事的细节和主题所感染。

黄怒波是北京中坤投资集团的董事长,他同时也是一个诗人,他的演说特点是朴实、动情。在一次演说中,他讲到了自己的出生故事。

第五章 成功演说的六个维度

"我想给大家念一首诗，我原来的名字不叫黄怒波，叫黄玉平，那天，印象很深刻，我骑自行车来到黄河边，很荒凉。一个人坐在黄河边，你心里会发瘆，因为黄河太宽了，又没有声音，但是那个波浪不停地拍打堤岸。我想我这一辈子，要像黄河水一样，永远不怕挫折，那么就改名叫黄怒波。（诗）我的名字叫黄玉平，然而一点也不太平。因为没日没夜地哭，家里人叫我丧门神。因为爱尿炕，我的屁股总是被打肿。黎明，母亲去拉土，在锅里留下两个洋芋，二哥总是抢先，把它们吃得一丝不剩。寒冬腊月，我的手脚冻裂，鼻涕很多，抹在袖子上又黑又亮，刀枪不入。上小学，我是班里想当然的贼，谁丢东西，老师都会翻我的书包。同学们打队鼓，我羡慕地偷偷哭，没戴过红领巾，是我心头永远的痛。"

所以，演说者在讲故事的时候要在语言设计上充分地调动观众的感官，使观众能够体会出演说者在故事中所描述的情感。

黄怒波是一个经历丰富的企业家。显然，很多创业者并没有这样丰富的人生阅历。这个时候该怎样才能使自己的故事更加感人呢？

创业者要走出公司去和目标客户、目标人群亲自交流。通过这些交流，创业者将会获得来自客户的更加生动的评价、体验、故事。把这些充实到你的故事中，你的故事可能因此就获得了感动人的灵魂。所以，演说者切记闭门造车，一定要亲自去感受生活，体会生活，如此才能讲出一个成功的故事。

为了使你的故事更加动人，你也需要做一定的练习。其方法就是通过反复练习，充分地调动自己的全部感官，促使自己在语气、表情、肢体动作、手势、节奏把控上更加生动流畅，富有感染力，并借此不断地调整、修改你的故事。

第二，故事要简洁。我们再看黄怒波的故事，由于他采取诗歌体裁，所以非常简洁。一般来说，演说者不会写诗。那么，我们怎样做到把故事修改得更加简洁呢？演说者要考虑你的故事所传达的核心内容是什么，一个故事只能有一个核心内容，多余的内容要去掉。

演说者对故事进行这样的精简后，还需要进行练习，比如在私人谈话中、在朋友面前讲这个故事。通过练习，你会更好地讲这个故事，并或增或减其中的细节成分。还需要注意的是，最后呈现给观众的应该是一个具有鲜明个人立场的故事，只有这样才能充分地表达你的个性和思想，从而影响观众。

第三，利用团队选择故事。演说者可以依靠团队的想象力以及主观思维从几个备选故事中选择最优秀的故事。

第四，站在不同的角度审视故事。以不同的角度审视你的故事，再将其进一步完善。一般来说，我们都是从自己的视角看待某一件事情，而以其他角度看待事情似乎比较困难。但方法不是没有，那就是尽可能地了解别人的想法。

站在不同的角度，人们得出的结论可能是不一样的。当演说者站在观众的角度看自己的故事的时候，可能会发现自己与观众之间相差甚远。

通过这些方法，演说者可以将手里的故事变成符合演说现场要求的故事，这是十分必要和实用的。如果演说者没有仔细地研究和探讨，就贸然地在台上讲述自己想到的故事，可能就会遭遇失败。

发挥你的创造力

创造力是指运用想象力制造或生产新的东西。在演说中，这是一场完美演说的必要条件。成功的演说者不只是会按部就班地把早已排练得很熟练的演说流程百分之百地贯彻下去，而是还会突发奇想地即兴发挥。成功的演说者也不会被演说现场的突发状况所干扰，他必然会在全场尴尬的情境下力挽狂澜。所以，基于两种环境下发挥的创造力，一种是一般环境下的爆炸性的特色表现，一种是特殊环境下的补救式的完美表现。

一个演说者想要达到这两种境界是困难的，但是，通过对伟大的演说者的学习，或许可以获得一些灵感。

每年在中国的演说大会上，乔·吉拉德都会吸引大量的观众，他们买了昂贵的门票，就为了听乔·吉拉德半个小时的演说。乔·吉拉德能够做到在半小时内让观众们满意，全因为他具有独特的创造力。

乔·吉拉德在演说开头会大声地问观众们："你们想要知道怎么样才能成功吗？"观众们大声回应道："当然想啊！"

接着现场出现惊人一幕。乔·吉拉德掀开西装，掏出一大把名片撒向观众。乔·吉拉德在其销售员的生涯中发出过无数的名片，甚至出现一个客户手里有十几张乔·吉拉德的名片的情况，这就是乔·吉拉德的成功秘诀。乔·吉拉德成功地为观众打造了一个令人惊喜的开场秀。

2002年，Mac OS X操作系统刚刚研发出来，乔布斯决定在苹果公司全球开发者大会上推广这款产品，以获得更多顾客的支持。

在演说没有开始之前，舞台上先是奏起了哀伤的风琴乐曲，并弥漫起大量白雾。台下的观众对此感到十分惊讶。但接下来发生的事情更是让他们感到震惊，一副棺材从舞台地板下方缓缓升起。

就在这个时候，乔布斯从幕后走了出来，他走向棺材掀开盖子，取出了一个放着Mac OS 9操作系统的大盒子。众所周知，Mac OS 9 操作系统是苹果公司生产的上一代操作系统。这下子，观众终于领会了乔布斯所作所为的含义了。观众们开始大笑并鼓掌。

然后，乔布斯一本正经地追悼Mac OS 9 操作系统："Mac OS 9系统是我们所有人的朋友。他为我们不知疲倦地工作，不断读写我们的应用软件，从来不违背任何一条指令，随时响应我们的操作，尽管偶尔他会忘记自己是谁，需要重新启动……我们在这里沉痛哀悼故去的OS 9……OS 9的生命，由他的下一代Mac OS X来延续……请大家和我一样，为我们的老朋友Mac OS 9默哀。"

最后，乔布斯走到棺材旁边，把盒子放回去，合上棺材盖，并在棺材盖上面轻轻地放了一朵玫瑰花。

乔布斯用这次妙趣横生的表演宣告了Mac OS X的诞生，也使观众获得了难忘的乐趣。

乔布斯的这一创意成功实现了推广Mac OS X的目的。但是，这样的创意恐怕也只有乔布斯能够做到。如果一个非常普通的演说者贸然这样去做，未必能够收到奇效，这是基于乔布斯的颠覆性风格的表演。所以，演说者发挥的创意应该基于自己一贯的演说风格和个人风格，这样的话更容易让人接受。

在2007年的Macworld大会上，乔布斯描述苹果手机的市场前景的时候，意外发生了，他的幻灯片不能正常切换了。当时，他在说"让我们看一下这个市场有多大……"接着他只能坦诚地说"我的幻灯遥控器不管用了"。他一边说一边走向舞台右侧检查电脑。显然，乔布斯现在面临着一个很大的困境。他拿起另一个遥控器，但也不管用。他微笑地说道："遥控器不能用了，后台现在肯定乱成一团了。"乔布斯没有慌张，反而面带微笑地自嘲了一番。观众也被乔布斯的幽默逗笑了。

这个时候，乔布斯临危不乱，他灵机一动，讲了一个故事："你们知道吗？这让我想起了一件事。在我上高中的时候，沃兹尼亚克和我——主要是他——制作了一个小装置，叫'电视干扰器'。它是个很小的振荡器，发出的频率会干扰电视信号。沃兹尼亚克把它装在口袋里，跑到伯克利的学生宿舍。一群学生正在看《星球大战》，他去干扰电视信号。这时就有人去检查是怎么回事，他们刚一起身，他就让电视恢复正常，之后再继续干扰。5分钟之内，他让一个人不停做出这种姿势（乔布斯演示了出来）……好了，看起来现在好像恢复了。"（参考《乔布斯的魔力演讲》）

乔布斯成功地用一段故事填补了这一尴尬的时刻，其思路调整之快令人惊讶。事实上，这样的情况在苹果公司的发布会上是时常发生的，但乔布斯都想办法克服了。

乔布斯的临场应变能力非常高超，但这似乎更容易被其他演说者学习。比起演说的创意，很多的演说者在这方面更有提升空间。

在演说现场，有的演说者往往会遭遇辛辣的提问，考验着演说者的即兴发挥能力。

卡迈恩·加洛总结出一些方法值得学习。

1. 想一些可能被问及的最常见的问题。

2. 把这些问题放进一个个"桶"里，也就是说分类。一些桶里可能有好几条类似的问题，一些桶里可能只有一条问题，这样的话，你需要准备的问题就会少很多。

3. 为同一类型的问题准备一个最精彩的回答。

4. 仔细听问题，抓住关键词，这样可以令你快速地从相关的"桶"里找到答案。

5. 直视提问人的眼睛，自信地回答。

在这里，我们只是举了几个例子来说明演说者发挥创造力的重要性及其作用。我们每个人都有各自的优点，尽情地发挥出来，这就是创造力。

直面对话危机

斯坦福大学讲授沟通力和领导力的彼得·迈尔斯教授说过这样一个故事：

我曾经应邀去指导一位财富榜上名列前一百位的制药企业的首席执行官做一个主题演讲，在我与这位老板见面之前，一群焦虑的下属反复问我：

"你打算怎么指导他？"他们中的一个人问道。

"你知道吗？"另一个人小声地说，"他说话含糊不清。"

"含糊不清？"我问。

"我们几乎听不懂他在说什么。"他们说。

"有人告诉过他这一点吗？"我问。

"哦，没有。"他们说，"我们从来没有告诉过他。"

果然，我进去听了一会儿他的练习，果然如此。

我试着用一些方法让他尽可能吐字清晰。

"试着让你的元音发得饱满些。"我说。我让他做些练习，但不久，那位体形硕大、仪表堂堂的首席执行官变得不耐烦了。

他停了下来，双臂抱在胸前，说："这不是我该做的事情，我不舒服。"

很显然，这正是将问题摆到桌面上的时刻。

"听着，"我说，"我们在一起练习已经有20分钟了，在这段时间里，你说的话我有一半都听不懂。你要么选择让自己舒服，要么选择让别人听懂你说话。二者不可兼得。"

下属们都担心地看着我们。

那位首席执行官放下了手臂，笑了起来。

"我喜欢这个家伙，"他说，"让我们继续练习吧。"

彼得·迈尔斯说的这个故事向我们传递出一个思想，那就是要善于化危机为信任。演说者要有化危机为信任的能力。

不管几个人或者几千人的演说现场，演说者都无法保证不与观众产生较为激烈的语言冲突，或者面对观众所提出的尖锐问题。

那么，对于演说者来说，建立对话的桥梁就成了最为迫切的事情。在这个时候，演说者可能产生逃避的情绪，但这是演说中的大忌。如果演说者缺乏勇气面对这样的情景，对于后续的演说将会造成很大的影响。

演说者可能会担心出现针锋相对的情况，从而与观众产生更大的冲突，但如果演说者能够坦诚地说出问题，一方面可以博得部分观众的认同，树立起敢于直面问题的形象，另一方面或许可以重新搭建与观众对话的桥梁，这对演说者来说是唯一的机会。

所以，不管怎样，当演说者与观众产生激烈的语言冲突或者观众提出尖锐问题的时候，演说者要直面观众，重新建立与观众的对话桥梁，并尝试妥善解决问题。

我们先探讨一下观众为什么会和演说者产生冲突。我们或许可以反思自己在话语中是否啰唆、拖沓、语无伦次以至于引起观众的反感。这对观众来说是一种极坏的体验，他们认为自己的需求没有得到满足。还有一定数量的演说者总是费尽心机地想要将自己的思想灌输给观众，这也会引起观众的反感。

这些原因让观众无法忍受，所以他们抗议了。演说者需要自我反省，如果出现类似的问题，那么观众的反应也是顺理成章的。

那么，面对这样的情况，演说者不得不采取一些措施，做出实际的改变。

事实上，当观众愤怒的时候，演说者也很容易产生愤怒情绪，以至于失控。所以，演说者要扪心自问自己的演说目的。

除此之外，演说者必须要分清楚观众与观众提出的问题是两回事。当演说者面对一个十分愤怒的观众的时候，往往容易把他认为是故意干扰现场的特殊分子。当演说者这样认定的时候，或许就忽略了他提出的问题或所者表现出来的情绪的客观性和普遍性了。

那么，演说者在现场环境下该怎样回应观众呢？第一，演说者应该主动地让步，谦虚地表达出对观众话语与情绪的肯定与理解，以获得观众的谅解与宽容。第二，演说者可以通过向观众提问以建立对话。比如可以这样问："你是怎样理解我的这一段话的？""你觉得我应该做什么呢？"但是，在提问的时候，注意不要激怒观众。

在观众表达愤怒情绪的时候，演说者需要让他们自由地发泄一下，而不是轻易地打断他们的发言或者做出不得体的表情或姿态，即使观众的发言偏离事实很多。在观众发泄情绪的时候，学会倾听是十分必要的，而不是立即做出回应轻易地去加以反驳，以避免造成更多观众的反感，引发更多的抵触情绪。所以，在这样的情形下，在对方发泄完自己的情绪后，不一定要提出解决方案，更多的是表达自己的歉意和诚意。那么，在危机解除后，演说者和观众仍然有对话的可能性。在解决这一困难后，演说才算得上成功。

公众演说有一个特点，那就是时效性非常强。所以，演说者的必要素质是反应迅速。在很多场合，演说者需要迅速对公众的回应做出快速反应，假如演说者难以做出如此，就意味着演说的失败。在很多场合，演说者需要面对许多突发情况，人们不会按照你准备的问题发问，这些情况都可能让演说者一时找不到方向。

面对这些情况，演说者首先要做的并不是着急地回复别人的问题，而是需要在别人提问时，认真倾听别人的话。在这个时候，答案或许是不太重要的，而只有仔细倾听他人的提问才能想到合适的答案。

满足你的听众

在演说的过程中,演说者的思想和观众的思想必然产生碰撞,这是无法避免的。而如果演说者的思想无法满足观众,那演说者的演说就说不上成功。在这里,我们谈几条思路或许对演说者有帮助。

第一条,读懂观众的心思才能满足观众。在演说之前,演说者要进行各种调查用以分析观众,了解观众的心理。到了现场提问的环节,演说者要在很短的时间里对提问者的用意和心思进行判断。

在2016年中国企业家俱乐部年会上,贾跃亭在演讲之后,接受马云的提问。

马云提问道:"前几天有人跟我说,你在互联网深圳大会上说了BAT,说百度、腾讯、阿里巴巴垄断了整个互联网创业的资源,使得大家没法混了。假如我们现在换一下,你是BAT的一家,你该怎么做才好?"

贾跃亭回答说:"的确是'亚历山大',马云老师问的问题实在是难以回答。因为的确如此,每一个时代都会有一些代表性的企业,每个时代都会有一些垄断整个社会资源的企业,但是其实这些都不重要,因为时代在不断变化,每一个时代变迁的同时都会诞生全新的更加伟大的企业。所以,如何能够突破上一代企业的封锁,或者是大山,其实只需要一件事情,就是判断下一个时代到底是什么,而不是在它们的延长线上去做创新,也更不是依赖BAT强大的资源。就像今天郭总讲的,依赖BAT的入口,很多小企业都有这样的想法,但是如果能从另外一个维度思考问题,能够站在更高的维度,能够站在下一个时代的维度去制定你的战略,能够通过自身的努力去走一条完全不同的道路,其实有可能你就会引领下一个时代。谢谢!"

显然,马云向贾跃亭提了一个很尖锐的问题,贾跃亭必须回答。那么,马云提这个问题的用意是什么呢?我们可以大胆地推测一下,那就是马云希望贾跃亭能够说明BAT三家公司并没有完全垄断互联网行业的资源。而从贾跃亭的回答中,我们也看到了贾跃亭非常委婉地回应了BAT确实不会完全垄断互联网行业的资源的意思。贾跃亭做到了读懂马云的心思，满足了马云的心理需求。

第二条，事先预测观众的需求。在观众未表现出明显的反对意见之前，就回应他们的需求，令他们感到满意。对于很多演说者来说，他们面临的观众可能不会直接表达自己的不满，但从他们的表情、行动上可以看出他们的不满情绪，所以，演说者需要未雨绸缪。

我们说一个比较久远的例子。这个例子是说一个企业在面临食品安全问题的时候反应非常之快。在消费者没有爆发强烈抗议之前，他们就通过各种方式安抚了消费者的愤怒。

1996年10月30日，华盛顿州卫生局官员通知奥德瓦拉公司，该州发现大肠杆菌导致的腹泻与溶血性尿毒综合征，病症与该公司生产的鲜榨苹果汁有关。

这次事件在美国西部和加拿大造成60多人腹泻，10多人住院，一名1岁半的儿童死亡。奥德瓦拉公司面临倒闭的危险。

事件发生后，奥德瓦拉公司采取了果断的措施，公司负责人威廉姆森下令全面召回含有苹果汁和胡萝卜汁的产品，涉及7个州的4600家零售商，价值650万美元。公司派出行动小组，召回行动在48小时内完成。

奥德瓦拉公司不但由威廉姆森出面举行新闻发布会，接受电视采访，表达对受到影响的消费者的同情和遗憾，表示愿意承担全部医疗费用。同时在网络上向公众发布事件的最新进展。当时该公司网站一天内的点击量达到2万次。

奥德瓦拉公司为5位受害严重的儿童家庭至少赔偿了1200万美元，并被FDA罚款150万美元，创下FDA罚款的最高历史纪录。

之后，奥德瓦拉公司快速推出巴氏灭菌法，杀灭果汁中的大肠杆菌，绝了后患。一个月之后，奥德瓦拉公司的苹果汁重新上市，公司不但克服了危机，而且重新取得了顾客的信任，销售业绩迅速回升。2001年被可口可乐公司以1.8亿美元的高价收购。

第三条，向观众提出新的证据。这通常发生在观众已经对演说者产生怀疑或不满的情况下，演说者向观众提出新的证据来获得观众的肯定。这样的案例有很多，比如很多创业者刚开始的时候没有获得投资人的投资，因为投资人并不相信他们，当创业者拿出令投资人信服的证据后，才获得投资人的投资。所谓的证据可以是有效的商业模式，也可以是一个理由。

在第一章的最后一节中，礼物说的首席执行官温成辉就有这样的经历：

我那时候，就去找很多很多的投资人，他们都问了我一个问题，他们说你一个"90后"才22岁，我凭什么能相信你。有一次，我实在是忍不住，就站起来说，"90后"怎么了，"90后"虽然年轻，但我们依然能够付出十倍的努力去追赶他们；"90后"虽然年轻，但我们可以打破传统的束缚，用创新的方法超越他们；"90后"虽然年轻，但我们是未来的希望。未来的用户是"90后"，未来的商家是"90后"，未来的主流消费人群都是"90后"。我们掌握着通往未来商业世界的钥匙。我这一番真情流露的演讲，得到投资人的回复："成辉，我愿意投资你3000万美金，好好干吧。"

第四条，切忌长篇大论。毋庸置疑，演说者要用生动形象的语言进行演说。

2000年8月的一个周末，孙正义出席一个脱口秀时做了一个演讲，其中，他向观众展示了一张画着满箱苹果的幻灯片，并说道："如果苹果坏了的话请让我们退货，这要求合情合理。"他说这句话的意思指的是软银对日本债券信用银行的收购案。

当时日本债券信用银行在日本经济泡沫后留下了大量坏账，由软银等公司组成的集团收购了日本债券信用银行，但在收购的最后，另一家公司的破产事件导致其过程延期了1个月，此事波及面很广，并使得软银陷入舆论风波。孙正义用贴近生活的通俗易懂的比喻表达了自己的态度，也有力地缓解了软银的舆论风波。

孙正义在阐述软银应有的集团架构时说，软银应该成为像"银河系"一样的集团。由于人们对银河系都有一定的认识，所以人们可以很清楚地知道孙正义所说的是什么意思。所谓的"银河系"一样的集团是指由多个独立品牌组成，这些品牌又存在相互竞争的关系。孙正义认为传统的金字塔模式的集团架构容易造成大公司病，并使得集团的管理成本上升，而"银河系"式的集团架构并不会产生这样的问题。孙正义用这个浅显易懂的比喻恰如其分地表达了自己的核心观念。我们可以设想一下，如果由别人来表达孙正义的观点，那么很可能会长篇大论的，让人听得云里雾里。

在一场演说中，演说者通过满足观众的心理需求，进而说服观众肯定自己的想法，或者令观众感到满意，这不仅仅是一场演说的成功，也是演说者个人的成功。

展示自己的独特性

对于经常发表演说的人来说，一旦演说场次多了，观众就会感到一定程度的厌倦。演说者的风格是固定的，演说者的表演是固定的，除了在演说内容上动心思，演说者难以在演说中为观众带去耳目一新的感受。

而对于那些演说新手来说，在演说过程中，他们更多地在追求一种一般水平、没有差错的演说状态和演说结果。他们在一开始一般不会对自己要求太高。也就是说，演说新手在演说过程中更多地会展示自己与他人一样的地方，比如手势、语言，在演说内容上一般也会循规蹈矩，因为这时候的演说者并不愿意冒风险，他们本能地认为这个阶段的目标是稳定和顺利。

但是，这往往不是一场成功的演说的标准，而是一场平庸的演说的标准。当然，对于演说新手，这是无可厚非的。但是也有不少的演说者对于表达自己的观点存在顾虑，这也并非是演说界的特有现象。我们很清楚，那些能够大胆地说出自己的想法，而不是重复老旧的想法的人是很少的。

社会总是缺少独特的人。大多数人存在从众心理，这种从众想法可以为自己带来基本的利益保障。而"特立独行"的人往往需要冒风险，人们有时候形容这样的人是天才；在更多的时候，人们形容这样的人是"傻子"、"疯子"。但不管怎样，一个伟大的演说者总是具有独一无二的特点的。

所以，一场成功的演说需要一点儿特色，需要一些演说者个人的色彩，演说者需要展示自己的独特性。对于一部分演说者来说，这是他们最需要做的，也是他们最想要做的。一言以蔽之，这是他们的根本价值所在和唯一的成功途径。

那么，什么是自己的独特性呢？这种独特性可以看起来很普通，那就是坚持一些人们认为已经过时的或者不认同的价值观、观点，也可以是一些创新的观点和思想，或者是一些独特的个人经历或个人体验。总而言之，演说者所表达的内容一开始就与多数观众存在着较大的心理距离。观众一开始都保持着观望或怀疑的态度。

在这样的情况下，演说者表现出的独特性并没有得到多数观众的有效回应。这样的情况并不少见，甚至非常常见。早年的马云常常被人当成"疯子"，当时他的创业理念和思想并没有获得多数人的理解和认同。那么，在这个时候，演说者表现出的独特性或者说个人特点，可能就成为演说者的负担，被观众视为不可信、不靠谱的标志。

那么，在这样的困境下，演说者是否应该转变自己的态度，表现出让更多观众满意的一面呢？这对于很多演说者来说是一次考验，是表达真实的自我，还是表达伪装的自我？是表达独特的自我，还是表达普通的自我呢？

我们来看一个例子。

刘强东的京东最艰难的时候是2008年，那时候，京东进入最关键的发展阶段，但是资金却面临枯竭。刘强东频繁地见投资人，但投资人皆以京东烧钱太多、盈利模式堪忧以及金融危机等理由拒绝，刘强东一度为融资急得白了头发。

在这样的紧要关头，刘强东并没有灰心，也没有转变公司的发展模式。2008年11月，刘强东在今日资本的年会上介绍了自己的公司。刘强东的演说引起了亚洲知名投资银行家、香港百富勤创始人梁伯韬的注意。

这位资深投资家从刘强东的演说中看到了刘强东的激情和信心；从刘强东的故事中，梁伯韬认为刘强东既懂零售，又懂互联网，所以，他有了投资京东的意向。

梁伯韬又找到雄牛资本的李绪富，想和他合伙投资京东。李绪富和刘强东见面聊了一次，就决定投资京东。

梁伯韬说："我相信李绪富的眼光，他也信任我。我看好这个行业，也看好这个人，人比业务模型还重要，初创公司的模型没人说得准。很多投资人看公司有没有赚钱，没看现金流，事实上最重要的是现金流，现金流是正的，就能生存，负的就不能生存。亏损是在流血，但现金流能够补血的话，还是能生存的。"

当时京东要求梁伯韬和李绪富21天内就把钱打过来，因为年底的时候，刘强东需要偿还从今日资本拿的贷款。作为天使投资人，梁伯韬2008年个人投资京东100万美元，最后他获得了超过百倍的回报。

在这个例子中，刘强东凭借个人魅力获得了梁伯韬的青睐，成功地融到了钱。所以，作为演说者来说，一定要保持充分的自信。如果你认为自己的观点是正确的，那么你就应该大胆地向观众传播自己的观点，而不是因为许多观众并不认同就改变自己的观点。

对于演说者来说，演说的目的大多是推广产品、推广自己的思想，获得他人的认同和支持。而以融资等为目的的演说之后，出现一个或几个伯乐就算成功了，即使演说者没有获得其他多数观众的认同和支持。

进入自然的状态

伟大的演说者所呈现在观众面前的状态是自然的、亲切的,是毫不造作的。观众不会觉得这些演说者在向自己灌输什么,对他们没有任何敌意。观众也不会分心,而是沉浸到一种和谐状态之中,非常投入和享受,并深深地被演说所吸引、鼓舞和影响。

所以,演说者的最高境界之一是自然。演说者在舞台上的表演不是某种刻意的自我展示,演说者和观众的关系应该是一种老友一样的关系,演说者与观众之间没有距离。在学习了很多技巧之后,我们知道最重要的演说技巧是以情动人。而要能够达到以情动人的地步,演说者必须进入自然的演说状态。

2014年，俞敏洪在一个电视节目上，做了名为"摆脱恐惧"的演说，可以说非常成功。俞敏洪从自己因为恐惧在大学整整四年没有谈过一次恋爱、没有参加过一次学生会干部的竞选活动的故事开始讲起，向观众表达了恐惧对人生的影响以及摆脱恐惧的重要性。这个演说后来被放在网络上，传播广泛。在演说中，俞敏洪的语言和声音真实、朴实、自然，情感饱满。这个演说在网络上持续引起关注，可以说感动和影响了一大批人。

俞敏洪的演说特点还包括幽默、善于自嘲、平易近人、充满哲理与智慧等。毋庸置疑，俞敏洪是大多数演说者学习的榜样。

俞敏洪的演说状态自然，充满亲和力，这是他长年经验的累积结果。那么，对于大多数演说者来说，该如何达到一种自然状态呢？

首先，我们每个人都有自己的自然状态，可以是在自己最放松的时候，也可以是在自己表达最自如的时候，演说者可以凭借经验来使自己的演说变得更加自然，更有亲和力。

试想一下，如果你的演说舞台是你家里的客厅，那么，你的演说难道不会达到一种自然轻松的状态吗？所以，演说者要想在舞台上达到自然的状态，他应该遵循的第一个办法就是让自己觉得身处一个轻松的环境中。不过，演说者显然无法改造演说的舞台，既然无法改变大环境，那么只能改变自己的小环境。也就是说，演说者需要在一个让你感到紧张和压迫的演说舞台上找到自己最放松、最自然的感觉，让自己进入自由的个人情境。

如何去找到这样一种感觉呢？方法有很多，比如回忆起自己曾经有过的最具有个人表现力的讲话，或者曾经有过的与友人最轻松活泼的对话交流。

在舞台上你可能还需要用一些小道具去时刻提醒自己曾经的感觉和状态。有的演说者热爱足球，足球最能够让他放松，于是他将一个足球放在了目光所及的地方，时刻提醒自己保持放松和自然状态。还有的演说者一听到某一首歌曲，心情就会非常平静，那么，他在演说者之前会听一听这首歌曲。

歌剧大师多明戈在演出之前会在后台找一个小钉子拿在手里，让自己的所有紧张和压力都倾注在这个钉子上，然后心无旁骛地在舞台上尽情歌唱，这是我们前面说过的。

总而言之，每个人都有轻松自然的时候，抓住那样的时刻，让自己进入那样的状态。

除此之外，人的情绪还有很多种，比如痛苦、恐惧、悲伤等负面情绪，演说者在演说中也无须对这些情感敬而远之。

在演说中，演说者不仅仅是向观众呈现一个平和的状态、一个轻松的状态，尽管大部分情况如此。也有一些演说者将愤怒的情绪带给观众，这是演说者的演说内容所导致的。历史上政治家和军事家的演说多是这样的。

还比如某一创业者在说到自己一波三折的创业经历时表达了伤感的情

绪，这时他们状态是自然的。

当然，我们无须刻意营造某种状态或情绪，矫揉造作的尝试肯定会遭遇失败。演说者在演说之前也不需要刻意地酝酿情绪，让自己尽可能地放松和保持平静就可以。

在更多的情景中，演说者只要有自信，对自己的经历有深刻的体验，那么他在演说中的表现就一定是自然的、情绪饱满的。

少即是多

如今是移动互联网时代，微信和微博成为人们常用的社交软件。在此之前，人们常用的社交工具是博客。与过去相比，最重要的变化在于人们发布的文章或信息的字数由千字左右变成了140字，甚至更少。从这里我们也可以看到时代的变化，即人们开始更加适应、推崇更简短的信息。

在商界，软银掌门人孙正义的演说一向信息鲜明，条理清楚，而且通俗易懂。孙正义善于运用幻灯片，他的每一张幻灯片所透露的信息都非常明确，而且切中要点，从演说幻灯片中，观众就能获得关键的信息。

孙正义曾经说过："用10秒钟想不通的事再想也是徒劳，勉强思考下去只是浪费时间。"孙正义的这种追求简洁、少即是多的思想处处可见。他曾经为"战略"一词下了一个非常精简的定义,即"战略就是彻底集中信息,去除枝叶,使之浓缩进最粗的一根枝干里;必须找到重中之重,因为战略的本质在于'略'字"。而一般经管类教科书对"战略"的定义如下:"战略是指企业针对自身所处环境,面对机遇与威胁,在把握自身及竞争对手的强弱的基础上做出以维持自身发展为目的的一系列决策。"相比之下,这种定义就比较复杂,难以理解。

在孙正义看来,幻灯片上应该呈现10到20个字,以及与之相对应的图表或者照片。他十分反对那种复杂难懂的幻灯片。

比尔·盖茨对幻灯片的使用也遵循着类似的原则,在他的演示稿中基本不会出现分项说明,他也不会使用幻灯片功能中的分层结构,包括图表也不是标准的excel格式。总而言之,比尔·盖茨力求去除幻灯片上一切多余的东西,使之一目了然。

当一家公司进行项目路演的时候,往往会遇到这样的情况,演说者需要在较短的时间内进行多场演说。在具体的实践中,我们会发现演说者越往后的演说越会长,原本可能准备25分钟的演说内容,到演说的后几场可能会被拉长到45分钟。这里的原因很简单,那就是演说者将前几次的补充细节不知不觉地加到了后几场的演说中。要记住,言简意赅的演说总比冗长的演说更有利,因为在这个快节奏的时代,没有人会有耐心听你的长篇大论。解决这一问题的方法就是尽可能地删掉多余的东西。在设计领域中,有一种理论叫极简主义,其核心观点就是少即是多。在进行项目演说时,演说者也需要遵循这一点。

一般来说,项目路演的时间不能太长,控制在10分钟内。项目路演的国际标准时长为5分钟。为此,演说者需要不断地练习,以保证时间的精准控制。

除此之外,在演说现场,时间最容易被拖长的是问答环节,这也是最考验演说者的。华尔街著名投资人大卫·贝雷特曾经说过:"在提出问题的时候,我不一定要得到完整的答案,因为对于相关主题我肯定没有演讲者知道得多。我想知道的是演讲者是否考虑过这个问题,是否足够坦诚、细心和直接,以及演讲人在高压之下如何应对。"大卫·贝雷特的话其实就说明了一个重要的道理,那就是演说者要尽可能简洁地回答观众的提问。

少即是多的关键还在于演说者要以自我为中心,尽量表现自我,而不是表现自己之外的其他东西。

人们常常会进入这样一个误区,那就是试图运用幻灯片解释一切。孙正义是商界中擅长使用幻灯片的演说家,他说:"要以右脑制作幻灯片。"他的意思是说幻灯片在演说过程中只能作为演说者的辅助工具,换言之,演说者是主,幻灯片是从。

当然,也有一些演说者并不认同这种观点,他们认为书面语比口语更有条理性,口语往往容易缺乏逻辑性。但是,可以想象一下,与一位智能机器人对话,它的语言表达几近完美,可以让人轻易理解,但它的话并不会让你产生好感，人们想听的应该是那种富有人的情绪的话，而不是冷冰冰的话。

而且，幻灯片这一载体能够容纳的字数是极其有限的，演说者只能将它作为类似提词器以及示意图来使用。

著名演讲培训师詹瑞·怀斯曼在他的著作《演讲的艺术》中提到了这样一件事：思科公司一直是詹瑞·怀斯曼的客户，有一次詹瑞·怀斯曼负责对思科东欧区业务部门的12位职业经理人进行上市路演的培训，这12位经理人分别来自克罗地亚、匈牙利、波兰等不同的国家。詹瑞·怀斯曼虑到时间和费用等因素，制定了核心培训计划，每次有4人参加，一周内完成12个人的培训。在培训中，詹瑞·怀斯曼为所有人准备了相同的演讲。最后，詹瑞·怀斯曼要求每一个经理人基于同一张幻灯片各自发表演说。有的人在一家公司发表演说，有的人选择在政府机关发表演说，还有的人选择在大学发表演说。尽管他们的演说主题都是一样的，但他们每人都为各自的观众带去了个性化的演讲内容。这件事给我们的启示是演说者在进行项目演说时，尽管可能重复使用同一套幻灯片，但面对不同的观众，仍然可以说出富有新意的内容。所以，演说者才是一场演说的核心。

演说者要以"自我"为中心，而不是以幻灯片为中心。演讲者应该尽量展现自己的风采和能力，而不要让投资人把注意力都放在幻灯片上。

当投资人从幻灯片上转移视线时，演说者成为投资人的焦点，这意味着演说者需要充分表现自己才能获得成功。

当我们问起：作为一名销售，什么是最重要的能力？很多富有经验的销售人员都会直言不讳地说：口才。的确，销售工作是一门主要依靠销售人员的语言表达来促进的商务活动。口才优秀的人比口才不好的人更容易受到消费者的欢迎，他们的收入也因为口才的差距而变得悬殊，前者能够获得一份丰厚的收入，而后者只能得到一份微薄的收入。

詹瑞·怀斯曼曾经说过："商场上带来商机的媒介是推介，我很快就发现它所能施加的影响力——差劲的推介可以扼杀一宗交易，而威力强大的推介则能使业务如日中天。"

詹瑞·怀斯曼在其著作《演示制胜：讲故事的艺术》中曾经说过这样一件事情，他在主持思科公司首次上市路演时遇到一个难题，那就是思科公司的技术很难懂，演说者很难用合适的语言表达出来，其结果就是投资人很难明白思科公司的技术。因此，詹瑞·怀斯曼帮助思科公司起草了更加简单直观的演讲稿。结果，詹瑞·怀斯曼的演讲获得了投资人的一致赞扬。在思科公司上市当天，思科公司的股票以每股18美元开盘，以22美元收盘。路演后的第一个交易日，思科公司的市值就上涨了4000万美元，思科董事长在接受媒体采访时说道："詹瑞·怀斯曼对公司股价至少贡献了2~3美元。"

第六章

他们用演说改变了世界

尼古拉·特斯拉

松下幸之助

山姆·沃尔顿

比尔·盖茨

尼古拉·特斯拉

特斯拉发明了交流电,改变了世界,这是我们都知道的,但是,特斯拉还是一名天才的演说家。

众所周知,在交流电被广泛应用之前,人们普遍运用直流电。我们都知道,在交流电的普及过程中,遭到很多人的阻碍和质疑。特斯拉的竞争对手甚至编造交流电电死狗、猫等动物的谣言,来证明交流电的危险与可怕。

为消除人们的疑惑,特斯拉开始到处演说,演示交流电技术。通过特斯拉富有说服力的演说,人们开始一步步接受交流电技术。

1888年,特斯拉得到西屋公司的老板乔治·威斯汀豪斯的支持,开始研发其已经构思6年的交流电体系。半年后，特斯拉取得了"交流电发电机"的专利，并应美国电机工程师学会的邀请讲解和示范如何利用交流电发电。

特斯拉的报告题目是《交流电机和变压器的新系统》。

人们这样评价他的这次报告："自从法拉第的《电气试验研究》问世以来，还没有一个人把一项伟大的发明讲解得如此简洁而透彻……后来仿效特斯拉的人，只是模仿而已。"

特斯拉在演说方面很有才华。特斯拉会说八种语言，能背诵整本书，他还博览群书。特斯拉还非常喜欢诗歌，和伟大的文学家马克·吐温是亲密的朋友，他的演说稿充满着文艺气息。

在1891—1892年间，特斯拉在美国和欧洲发表了轰动一时的四篇报告，此后不过几个月，他一跃成为全世界闻名的科学家。在这个过程中，演说的作用举足轻重。

在演说的时候，特斯拉会系白色领带，穿着白色燕尾服。高高瘦瘦的他非常绅士地站在讲台上。当他演说到尽兴的时候，他激动的声音都会变尖。观众被特斯拉精彩的演说深深地吸引。

特斯拉的演说极富魅力，是科学和艺术的完美结合。特斯拉的发明推动了世界的发展，他的演说更使其发明深入人心，真正地改变了世界。

松下幸之助

松下幸之助是日本著名跨国公司松下电器的创始人，被人称为"经营之神"。"事业部"、"终身雇佣制"、"年功序列"等日本企业的管理制度都由他首创。

松下幸之助出生于一个中产阶级家庭，他年轻时没有受过高等教育，既不富有，也没有魅力，更没有广泛的交际。但是经过坚持不懈的努力，在他30岁的时候，他创造了50年后世界上的许多大公司仍在采用的企业经营方法。

40岁时，他建立了松下电器公司。松下电器公司的收入最终超过了伯利恒钢铁公司、高露洁公司、吉列公司、固特立公司、家乐氏公司、好利获得公司、斯科特纸业公司以及惠尔浦公司销售额的总和。

在某些方面，松下幸之助所取得的成就超过了那些名气比他更大的企业家，比如福特公司的创始人亨利·福特、沃尔玛公司的创始人山姆·沃尔顿。

作为一名富有传奇性以及创造性的企业家，松下幸之助留下了很多经典的理论、名言和故事，松下幸之助在演说方面也非常富有才华。

松下年少时去一家大电器厂求职，人事主管见他个头瘦小又衣着破烂，不便直说，就随便找了个理由："现在不缺人，过一个月再来看看。"人家原本是推托，没想到一个月后，松下真的来了。人事主管推托有事，没空见他。过了几天，松下又来了。如此反复多次，人事主管说："你这样脏兮兮的进不了厂。"于是松下回去借钱买了衣服，穿戴整齐地来了。对方没办法，便告诉松下："电器方面的知识你知道得太少，不能收。"两个月后，松下又来了，说："我已学了不少电器方面的知识，您看哪个方面还有差距，我一项项来弥补。"人事主管看了他半天才说："我干这项工作几十年了，头一次见到你这样来找工作的，真佩服你的耐心和韧性。"松下终于打动了人事主管，如愿以偿地进了工厂。所以，松下年少时就有一种朴实谦逊的谈话作风。

在人们看来，松下为人谦和，无论见了谁都点头哈腰，他用一句话概括自己的经营哲学："要细心倾听他人的意见。"松下的这句经典名言也是演说者需要汲取的真谛。

当松下电器发展成地方性企业的时候，发生过一件这样的事情。

有一天，公司的一个员工去回访用户。他到了一个批发商那里，当时那个老板非常生气，对他说："你们生产的产品，我煞费苦心地做了一番推销，却遭到退货，真是岂有此理。作为电器公司，本应该掌握复杂、高深的技术，生产出品质优良的产品，而你们却生产出了这样低劣的商品，松下电器干脆去烤地瓜得啦！回去把这些话告诉你的老板！"

那个员工原原本本地把事情报告给松下。随后松下就去拜访了那个批发商，对他说："前几天惹您生气，实在抱歉得很！我听了反映，觉得太对不住您啦！"

那位批发商听了松下这番话后说："不！是我给你们添麻烦了！我一时生气说了些过头的话。我做梦也没想到，您的员工会把那句烤地瓜的话原原本本地说给您听。失礼啦！您不要生我的气。"

松下说："不！我没有生气。从今以后，我们一定提高警惕，生产出品质更好的产品。"这件事成为一个转机，那个批发商此后便对松下电器特别关照了。

从松下和批发商的对话中，我们可以看到松下的诚恳、谦虚以及恰到好处的谈话技巧。这也是松下的成功之道。如今有很多演说者也是企业家，需要参加商业谈判和处理与消费者的纠纷矛盾，假如他们能够学习到松下的工作态度，将会更加成功。

松下电器自创立后发展迅猛，但松下幸之助的经营理念还是经常被质疑。有一次《工会机关报》刊登了一篇文章，嘲笑松下电器制造物美价廉的产品以服务社会的自来水经营理念，否定松下电器的经营宗旨。

尽管遭到这样的抨击，但松下依然不改初衷。1923年5月5日，在松下电器公司的创业纪念日上，松下向全体员工表明了自己的信念，并把它确定为公司的经营哲学，要求全体员工遵照执行。

"自来水经营哲学"是松下电器公司最基本的经营理念。这是松下根据自己的人生体验总结出来的。他认为："如果一切东西都像自来水一样，能够随便取用的话，社会上的情形就会完全改变。我的任务就是制造像自来水一样多的电气用具，这是我的使命。尽管实际上不容易办得到，但我仍要尽量使产品的价格降低。"

松下在演说中这样讲道："大抵生产的目的，不外乎丰富人们日常生活的必需品，以充实生活的内容。这也是我生平最大的愿望。松下电器公司要以达成这些使命为我们的目标，今后更要全力以赴，更上层楼，期待早日完成使命。我殷切希望诸君能深刻体察这一目标和使命，并共同努力达成之。"

松下的演说词雄辩而富有号召力，回应了人们的指责，进一步强化了公司员工的信念和意志。

松下时常向员工发表演说，在一次演说中，他提到了月薪和工作量的关系。

首先，他说："我是公司的最高领导，月薪也是最高的。假设我的月薪有100万元，如果我只完成了相当于100万元的工作量，那么我是无法给公司带来任何效益的。我必须至少完成相当于1000万元的工作量，公司才能发展下去。因此，我常常问自己有没有完成这么大的工作量，并继续拼命地工作。"

松下先是提及了对自己的要求，他用了一个假设，强调了自己的月薪与工作量的比例关系。松下的这次演说是为了激励员工更加努力地工作。松下在演说一开始就提到自己，起到了以身作则的作用，这使得他后续的话更具说服力。

接着，他顺其自然地提到对普通员工的要求："对每个人来说都是一样的，假如你的月薪是10万元，你只完成了相当于10万元的工作量，公司就没有任何收益，既不能给股东分红，也不能向国家纳税。因此，大家都应该时常反思一下，这个月自己究竟完成了多少工作量。当然，我们不能笼统地说多少工作量才是最合适的、最好的。一般来说，月薪10万元的人，至少要完成相当于30万元的工作量，最好是100万元的工作量。"

松下提到了一些数字，这些数字有利于员工直观地看到自己存在的问题，以及帮助员工自我检查和反省。

然后，松下说："我希望大家都用这种方式来评估自己的工作，在自问自答中，提高工作效率，使工作绩效达到一个新的台阶。如果大家都这么做，就能产生一股强大的力量。我认为上面这种认识是非常重要的。我们每天都在努力工作,但并不是努力工作就足够了,只有当你的工作取得了成绩,为公司带来利益,进一步讲就是为社会做出贡献时,你的工作才真正有价值。"

松下的演说简洁明了,内涵深刻,并在结尾处升华了主题,富有号召力。

松下的演说还没有结束,他又说道:"当然,社会上有各种各样的工作,很多时候不能仅凭具体的金额来评价,但我们应经常反思一下,自己究竟完成了多少工作量,或者时常向他人讨教,寻求评价的标准,同时,每天都要注意不断提高自己的工作效率。"

松下在这段话中做了补充,回应了一部分人的质疑,并且没有把之前的结论绝对化。

松下在演说中还讲述了一个故事,呼吁员工要关心他人。

"假如你和课长一起加班到深夜,虽然你年轻力壮不觉得累,但年长的课长却感到疲惫。这时你是否会说上一句:'课长,我帮您揉揉肩吧?'当然,在工作场合你不这样说也是可以的,但如果你说了,对课长是很大的安慰。课长很少会说:'好,你给我揉揉吧。'大多数时候他们都会说:'不用了,谢谢你。'然而你的话比按摩本身更能让课长感到高兴。课长会关切地说:'真不好意思,这么晚了还把你留在这儿。今晚原本有约会吧?'"

松下的这个故事生动具体地讲述了人与人相处的窍门。

最后,他总结说:"这种心灵的交流是开展工作、取得成功的动力。久而久之，你不但会对上司表现出关心，也会自然而然地对自己周围的人表现出关心，这种关心能够帮助你在工作中取得成功。这种关心并不是阿谀奉承，尊敬长辈，抚慰其疲惫，本来就是人之常情，是人与人之间很自然的交流。诚恳和真心这样的词，可能有些过时了，但我认为，当代员工都应该学会诚恳和真心地关心他人。"

松下讲述一个道理的时候，并不会空洞地讲述，而是会用小故事和举例子的方式做铺垫，从而使演说更加具有说服力。

晚年的松下将其思考还延伸到哲学、社会、政治领域。松下变得十分通达，他在一篇演说中这样说道：

"唉，我已经活了八十岁，一直打拼至今。在我的一生中，如今可谓是最艰难的时代啊。过去也有过一些不景气的时候，也经历过不少困难的时期及颇为骚动不安宁的岁月。在这八十年间，还发生了三次战争。可是相对其他时期而言，眼下最为艰难。表面上看来，这个时代物质极为丰富，非常不错，然而，探讨一下其本质的话，就会发现情况很糟糕。要真正打破这个糟糕的局面，必须想出与之匹配的革新的方法。眼下正处于前所未有的艰难时代，就必须拿出前所未有的最佳方案。要是没有最佳方案，怎么能渡过难关呢？这不就是需要我们大家解决问题吗？但由于看问题的方法不同，我觉得是不是也可以说，你们生在这个时代，是件幸运的事情。我也感到，我依然活着真是太好了。"

也许，松下辛之助这种通达的思想和人生态度就是他的成功之道。对于很多企业家来说，仍然需要经常聆听松下幸之助的丰富思想。

山姆·沃尔顿

沃尔玛创始人山姆·沃尔顿，1945年从一家美国小镇的"五毛店"（专卖5~10美分的商品）开始进入零售业，1985年成为美国首富。2001年，他创建的沃尔玛集团成为世界500强第一名，沃尔顿家族的5人包揽福布斯财富排行榜第7至第11位，成为世界上最富有的家族。山姆·沃尔顿把低价销售、疯狂促销的理念带入零售业，创立了一套严密的商业哲学，改变了美国乃至全球的现代零售业形态。

沃尔顿不仅创立了沃尔玛，还成为沃尔玛的精神支柱，他的商业理念是每个商家都奉若珍宝的经营宝典。甚至他最大的对手也这样评价他:"山姆可称得上本世纪最伟大的企业家。他所建立起来的沃尔玛企业文化是一切成功的关键。"

沃尔顿在沟通、演说方面具有无与伦比的才华,这也是他成功的秘诀之一。

谈到沃尔玛,有一个众所周知的说法:节俭。沃尔玛公司曾经有这样一个声明:在营业额达到400亿美元、业务拓展到加利福尼亚和缅因州那么远的地方之前,公司绝不会购买一架喷气式飞机。

据沃尔玛的员工说,山姆过去常常开着一辆1953年产的老汽车来店里。他把汽车塞得满满的,车里装着女士衬裤,一美元3条的,一美元4条的,还有尼龙长袜。他走进店里来,把东西放在柜台上,然后说:"现在,查理,这是你的活儿。你在这个储物箱里放上一美元3条的衬裤,这个箱子里放上一美元4条的。这些尼龙袜子就放在两个箱子中间。然后你就等着看它们被买走吧。"

1988年,《财富杂志》评选沃尔玛为"最受赞赏的公司"。

由于沃尔玛公司一向拒绝媒体采访,所以对《财富杂志》的回应是:不感兴趣。我们不想跟这事儿扯上关系。

这不得不迫使《财富杂志》的编辑亲自去找沃尔顿。他是这样回忆当时的尴尬经历的：

一连几天都是这样。雨一直下个不停。我知道他开一辆破皮卡，所以常常去找那辆破车。十天后，我告诉摄影师："我们再跑一趟，如果还是看不到那辆车，我们就撤。"我们开着车过去，看见了那辆车。山姆·沃尔顿肯定在楼里。

我们进了楼，我拿起电话话筒，说："我能跟贝琪通话吗？"接电话的是山姆·沃尔顿。我说："您是山姆·沃尔顿吗？"他说："我是。"我说："我是《财富杂志》的约翰·休伊。我在这儿已经待了十天了，天一直在下雨。我老婆正在跟我闹离婚。如果我拍不到你的照片，他们就会炒了我，那我今年的圣诞节就没法过了。其实我只需要十分钟就能完事。"

他走出来，然后我们拍了他的照片。拍照的时候，他一直唠叨个没完。"你们太浪费闪光灯了。你们太浪费胶卷了。"

沃尔顿十分谦逊，曾经的美国大型零售商协会首任主席曾经回忆沃尔顿：

一次开会，我正坐在那儿看报告，然后觉得好像有人正站在我旁边，于是我抬头看去，一位浅灰色头发、穿着黑色西装、拿着公文包的男士正站在那儿。我在心里嘀咕："这家伙是谁，看上去像个殡仪员。"

他问我是不是亚伯·马克斯，我说："是的，我就是。"

第六章　他们用演说改变了世界

"请允许我自我介绍一下，我叫山姆·沃尔顿。"他说，"我只是个无名小卒，来自阿肯色州的本顿维尔，我也从事零售业。"

我说："请原谅，山姆，我自认为知道零售业里的每个人和每家公司，不过我从没听说过山姆·沃尔顿。你能再说下贵公司的名字吗？"

"沃尔玛商店。"他说。

于是我说："好吧，欢迎加入折扣销售商行会。我相信你会喜欢这个会议，并且认识这儿的每一个人。"

"呃，不瞒您说，马克斯先生，我来这儿不是为了交际应酬的，我是来这儿见您的。我知道您是一位注册会计师，而且您是个可信任的人，我很想请您对我正在做的事情提些意见。"于是他打开公文包。接下来，我发誓，他的包里装着我写过的每一篇文章和每一次讲演的讲稿。我就想："这真是个考虑周到的人啊。"接着他递给我一叠会计结账计算表，上面有他所有运营项目的条目，全是手写的。然后他说："请告诉我情况如何。我有什么地方做错了？"

我看着那些数字——那是在1966年——简直不敢相信自己的眼睛。他只开了几家店，每年竟然做下1000万美元的生意，而且有些地方还有惊人的利润空间。真是令人难以相信！

于是我看着那些表，说："你有什么地方做错了？山姆——要是我能这样叫你的话——我告诉你你什么地方做错了。"我把那些表格递还给他，合上他的公文包，然后对他说："你在这儿就是个错，山姆。不要再打开你的包了。下楼去，叫辆车去机场，回去继续做你现在做的事情。你的所作所为没有任何需要改进的。"

在企业管理方面，沃尔顿在商界具有很高的威信和号召力。

有一次，沃尔顿打电话给一个求职者说："我们了解到你在编写公司政策方针方面很有经验。我们希望你到我们这儿来，为我们编写公司的规章制度。"

这位求职者十分兴奋，但他说："好吧，那好，但那不是我真正想干的。我想干销售。"

沃尔顿很快做出回应，他给这位求职者设置了一个条件："好，不过我们还是希望你先把它们写了。你觉得写那些东西要花多长时间？"这位求职者根据经验认为他需要花上六个月到一年的时间。

但是，他为了达到沃尔玛的高标准，就说："我会在90天内完成。"

不过，沃尔顿却说："我给你60天时间。"

沃尔顿的要求很高，他向这位求职者提出一个挑战。但这位求职者花了59天就完成了，事实证明，沃尔顿对人的要求恰到好处。从这里，我们可以看到沃尔顿擅长激发人的潜力。

有一位沃尔玛员工回忆沃尔顿时说："我总是觉得对山姆来说，分店的人们——管理人员也好，普通员工也罢——就是上帝。他爱他们。而且毫无疑问，他们也觉得同他沟通起来毫无阻碍。他去视察商店，回来以后就会打电话给我，说：'给这个小伙子一家店去管管看，他已经准备好了。'而当我对那个人的经验水平表示一些担心时，他就会说：'不管怎么说，给他一家店，让我们看看他干得怎么样。'另一方面他当然也绝不允许管理人员虐待店里的员工。一旦他发现有类似的情况发生，就会马上叫我们进行处理。"

沃尔顿一方面不断鼓舞和激励员工做出更大的成绩，另一方面又为他们提供快捷和宽阔的上升空间，而他的这些行为都表现在他突出的语言沟通能力上。

沃尔顿为商界留下很多精彩的言论。比如：低价销售，总利润更多。这个简单的道理，改变了美国零售商售卖商品的方式：比方说以80美分的价格买进一件东西，如将它的售价定为1美元，卖出的数量，会是定价为1.2美元的3倍之多，总的利润会多很多。这正是折扣销售的精髓所在：通过打折，你能卖出更多的东西；你将零售价定低，所赚取的利润远大于你将零售价定得较高时赚取的利润。用零售业术语来说，就是降低标价，却获利更多，因为销售总量增多了。

沃尔顿的话通俗易懂，富有很强的说服力。他曾经这样说："自我成年以来，没有一天考虑关于销售的问题，要承认这点实在有些为难，不过这是事实。相比这个国家绝大多数其他的零售业管理人员，我更多强调商品的销售和促销的重要性。那是我内心深处一种纯粹的喜好。我喜欢销售，促销是我经商生涯中最喜欢做的事，没有之一。我真的很喜欢挑出一件商品——也许是最基本的生活日用品——然后唤起人们对它的注意。我们购进数量巨大的某种商品，摆在店铺里最显眼的位置，对它进行大肆宣扬。要是这种商品卖得不太好，我们就把它撤下来，放在店面的普通柜台。"

他的结论是："如果放在桶里卖不出去，就挂到树上试试。"这句话生动形象，简单又耐人寻味。

有一天，沃尔顿突然在周一的员工大会上这样说道："我愿意和你们打一次赌，如果第三季度的销售业绩超过第二季度，我将穿上草裙和夏威夷衫，在华尔街上跳草裙舞；如果没有完成，你们也不必自责，以后更加努力工作就是了。"

沃尔顿的演讲引起了员工们的极大兴趣。员工们当即表态，就算每天不休息地连轴转，也要实现沃尔顿去华尔街跳草裙舞的梦想。

于是,在整个第三季度里,每位沃尔玛员工都憋着一股子劲,奋力地工作。最终,第三季度的销售业绩超过第二季度。

于是,令人意想不到的一幕在华尔街发生了,当时已经66岁的沃尔顿穿上草裙和夏威夷衫,在华尔街上跳起舞来。

就此沃尔顿达到了两个目的:一是促进员工提高销售业绩;二是通过行动告诉人们,无论自己的身份和地位如何,每个人都应该坚守自己的承诺。

所以,沃尔玛的企业文化是通过沃尔顿本人的一次又一次言传身教才得以建立的。在这其中,沃尔顿的演说起到了关键性的作用,没有他一次又一次与沃尔玛员工的交流,他的思想理念是无法深入人心的。在沃尔玛改变世界的同时,我们认为,沃尔顿的演说也改变了世界。

比尔·盖茨

比尔·盖茨一手缔造了微软公司。比尔·盖茨曾任微软董事长、首席执行官和首席软件设计师，近些年主要从事公益慈善等工作。比尔·盖茨在2016年年初的《福布斯》最新一期全球富豪榜单上，以个人财富750亿美元连续三年位居榜首。2016年10月，《福布斯》发布"美国400富豪榜"，比尔·盖茨又以资产810亿美元第23年蝉联榜首。比尔·盖茨对于全球有着巨大的影响力。

作为时代的巨子，比尔·盖茨两次改变了世界：一次是以软件推动了第三次工业革命；另一次，他拯救了无数生命，也改变了世人对财富的观念。

除了是一个卓越的企业家和慈善家，比尔·盖茨还是一个卓越的演说家，正是他卓越的演说才华，他的思想理念才被更多的人知道和接受。

在斯坦福大学2014年毕业典礼上，比尔·盖茨和夫人梅琳达·盖茨发表了著名的演说。

盖茨先向斯坦福大学的学生祝贺："2014届毕业生，祝贺你们顺利毕业。"现场发出一阵欢呼。这是一句非常普通的开场白，但在任何一场演说中都少不了这样的开场白。

接着，盖茨说道："我和梅琳达怀着激动的心情与你们欢聚在此共贺毕业。能受邀到斯坦福大学学位授予典礼上做演讲是一件让人激动的事，对我们而言，这尤为荣幸。斯坦福大学正日渐成为我们家庭成员最喜爱的大学。而长久以来，斯坦福大学也是微软以及比尔与梅琳达基金会最喜爱的一所大学。我们一直致力于让聪颖、有创造力的人攻克最为重要的问题。结果证明，一大部分这样的人才都来自于斯坦福校园。"

在盖茨说完这段话后，台下又爆出一阵欢呼。从内容上来说，盖茨提到并赞美了斯坦福大学，这有利于激起学生们的自豪感和共鸣感。

然后，盖茨说道："如今，我们在这里进行着30多个研究项目。当我们想要通过对免疫系统的研究来寻找治愈世界上最可怕疾病的方法时，我们需要斯坦福。当我们需要通过对美国高等教育的研究来帮助低收入学生上大学时，我们亦需要斯坦福。这里是人才的摇篮。在这里，有着灵活的思维、对于改变的开放态度以及对新鲜事物的渴求。在这里，人们善于发现新事物，并分享这份经历。"

盖茨继续表达着对斯坦福大学的尊敬之情，但有所不同的是，盖茨提到了具体的事物，即微软在斯坦福大学进行的30多个研究项目。

盖茨的妻子梅琳达接着进行演说："当下，有一些人用书呆子这样称呼你们，而我们听说你们正为这个称呼而倍感骄傲。"

梅琳达的这句话引发了一阵欢呼声和掌声。梅琳达提到斯坦福学生关注的热点问题，即外界有人认为斯坦福大学的学生是书呆子。但梅琳达鼓励了学生，并且正面肯定了他们。这无疑引起了学生们的强烈共鸣。

接着，盖茨在学生们的欢呼声和掌声中说道："我们与你们同在。"在盖茨和梅琳达一同拿出一副学生眼镜戴了起来，以表示他们也是"书呆子"时，这一幽默的举动立即引起了学生们的欢呼。显然，眼镜这一道具的运用，将现场的气氛推向了一个小的高潮。

盖茨继续接着演说："在这所校园中，每时每刻都有非凡的事件发生，但如果要我和梅琳达用一个词来表达对斯坦福的挚爱，那便是乐观。这是一种极富感染力的乐观精神，那便是，所有的问题在创新之下都能迎刃而解。这便是驱使我在1975年离开波士顿郊区的大学，并永远辍学的一个动力。"

盖茨在这里提到了他的演说关键词，即乐观。除此之外，盖茨还提到退学经历，这已经是家喻户晓的故事，盖茨此处提及有利于增强亲和力。

接着，盖茨讲述了微软的发展历程，提到了科技对人们的影响。盖茨提到当初他创立微软时的目标是想把计算机和软件在普通大众中普及。他说："我们应当努力缩小这种差距。我将它定位为微软的首要任务，这也是我和梅琳达在建立基金会之初的首要任务。为公众图书馆捐献个人电脑，确保人人都能有机会使用。"

为了使得自己的话更加可信以及富有感染力，盖茨讲了一个故事：

当我在1997年首次出访南非时，我便开始关注"数码鸿沟"。当时我住在南非最富裕的一户家庭。

那时距离尼尔森·曼德拉上台、结束种族隔离只有3年。当我同主人共进晚餐时，他们使用铃铛来使唤管家。在晚饭后，男女分开，男人们开始抽雪茄。当时我想，幸好我读过简·奥斯汀的书，否则我都不知道为什么会这样。

第二天我去了索韦托，这是约翰内斯堡西南的一个贫穷小镇，那里曾经是反种族隔离的中心。尽管从约翰内斯堡到索韦托的路程不长，但从进入索韦托的那一刻起，一切都令人无比震惊。

我觉得我来到了一个和我所来自的地方截然不同的世界。索韦托之行让我意识到自己竟是如此天真。微软曾向那里的一个社区中心捐赠过计算机和软件，这和我们在美国所做的一切都是一样的。

但是我很快明白了，这里并不是美国。那里的人们住在用铁皮搭成的简陋棚户里，没有电，没有自来水，也没有厕所。人们几乎不穿鞋，赤脚行走。可以说根本没有街道，只是一些坑洼的泥土路。由于社区中心没有持续供电的设施，所以他们安装了一根延长线连接到200英尺以外的柴油发电机上。

盖茨讲述了一个亲身经历的故事，即他到南非出差的故事。他惊讶地发现南非的人权、经济水平非常落后。这个故事因其真实性且内容丰富详细，吸引了年轻学子们的兴趣并激发他们的共情。

在讲述这个故事的过程中，盖茨多次运用了手势，这些手势起到强调的作用，能够增强感染力，使得观众更加聚焦在演说者的身上。

这次经历让盖茨意识到这样一个问题，即科技创新能解决世界上最棘手的问题吗？在讲述完这个故事后，盖茨提出了这个问题激发观众做进一步的思考。

数年来，盖茨和梅琳达一直试图尝试如何才能满足穷人们的当务之急。接着，盖茨动情地讲述了下面这个故事：

后来我又一次去南非，我去了一家有很多抗药性肺结核患者和耐多药结核病患者的医院，那是个充满绝望的地方。

在一个巨大的开放性病房里，住着很多很多病人，他们穿着睡衣，戴口罩,慢慢地挪动着。有一层楼是专为孩童开设的,其中包括还在卧床的婴儿们。医院里也有为适龄儿童设立的小学校,但是大多数孩子都无法战胜病魔踏入学堂,因此医院似乎并不确信是否有必要开设这所学校。

我同一位30多岁的病人做了交谈,她曾是肺结核医院的一名职工,因为咳嗽而病倒。医生告诉她患上了耐药性结核病,后来她还被诊断患有艾滋病。她活不了多久了,很多耐多药结核病患者却"觊觎"着她即将空出的床位。

在我们离开时,我在车里与同行的医生说,我虽然知道耐多药结核病是一种顽疾,但我们必须为这些人做一些实事。实际上,在今年,我们进入了新结核药物研发的第三个阶段,对于那些病人而言,他们不再需为18个月50%的治愈率而花费2000美元,我们的新药物花费不超100美元便能在6个月后实现80%的治愈率。

盖茨讲述的这个故事,与前面一个故事相比,更加令人欣慰。在这个故事中,盖茨还提到了很多数字,这些数字证明了盖茨公益工作的有效性,增强了他演说的说服力。所以,这是一个成功的演说故事。

盖茨的这两个故事解决了他年轻时思考的问题,即科技创新能够解决世界最棘手的问题。这两个故事还呼应了主题,即人类的前途是光明的,换言之,斯坦福大学学生的前途是光明的。

然后,梅琳达也讲述了一个故事,她讲述的是印度的性工作者的悲惨经历以及公益慈善对她们的帮助。梅琳达讲述故事的主题和盖茨讲述的是一样的，即世界上有很多棘手的问题，但我们可以通过科技创新的力量解决它们，所以我们需要乐观的精神，未来是乐观的。

最后，盖茨鼓励斯坦福大学的学生们，他说："所以这就是我们对你们所有人的呼吁。在你们离开斯坦福校园之后，带着你们的天分、乐观以及同情心，改变这个世界，让数百万人为之乐观起来。你们无须急功近利，你还要开创事业，付清债款，找寻另一半并喜结良缘。在你们的生命中，可能会目睹那些让你们痛苦的事情，不要掩面离开，在这一刻，改变因此而孕育。最后，向2014届毕业生表示祝贺，并祝你们好运！"

盖茨夫妇的演说以"乐观"为主线，轮流讲述了自己的亲身经历和故事，呼吁人们关心苦难，帮助他人，并强调了他们对科技的和对未来世界的乐观态度。

盖茨的演说富有激情和说服力，言语不乏幽默，在他的企业管理生涯和慈善事业的生涯中，他的演说增强了他的影响力和魅力，在他改变世界的过程中扮演了重要的角色。

图书在版编目（CIP）数据

轻而易举的演说 / 陈茂飞著. --北京：华夏出版社，2017.2（2017.10重印）

ISBN 978-7-5080-9123-5

Ⅰ.①轻… Ⅱ.①陈… Ⅲ.①演讲－语言艺术－通俗读物 Ⅳ.①H019-49

中国版本图书馆CIP数据核字(2016)第326680号

版权所有，翻印必究。

轻而易举的演说

作　　者	陈茂飞
责任编辑	许　婷　王占刚

出版发行	华夏出版社
经　　销	新华书店
印　　刷	三河市兴达印务有限公司
装　　订	三河市兴达印务有限公司
版　　次	2017年2月北京第1版　2017年10月北京第2次印刷
开　　本	710×1000　1/16开
印　　张	13
字　　数	120千字
定　　价	36.00元

华夏出版社　网址：http://www.hxph.com.cn　地址：北京市东直门外香河园北里4号 邮编：100028
若发现本版图书有印装质量问题，请与我社营销中心联系调换。电话：（010）64663331（转）

迅鹰，专注于企业出版与文创

迅鹰是谁

向鹰学习高效、精准、务实的精神。八年来，迅鹰出版了一批企业案例和企业家经营思想的图书，成功构建了新的商业案例、经营模式、行业研究的经管图书出版体系与文创传播体系。

个性化策划

迅鹰从企业文创层面入手，挖掘每一个企业独到的成功、成长之道，针对不同行业、领域、现状的企业策划个性化企业出版与文创服务。迅鹰认为，一本书，不仅是一座陈列馆，还是一段创业的感悟。出书，更是一个深度醒觉与重新上路的过程。

迅鹰团队

十四年文创、媒体、出版行业实操经验，八年连续创业者。

全流程

迅鹰提供全流程的企业出版服务，您只需告诉我你想要达成什么？其他的一切，交给我们。

媒体推广

不少于1000家媒体全面覆盖。

扫一扫，联系我！